50 maddede

İlişkiler

Adil Yıldırım

50 MADDEDE İLİŞKİLER

Adil Yıldırım

Genel Yayın Yönetmeni: Mustafa Kutlukhan Perker
Yayın Koordinatörü: Mesud Ata
Editör: Merve Akıncı Almaz
Reklam ve Tanıtım Müdürü: Bilgen Ülgen

1-3. Baskı: Haziran 2020
4-7. Baskı: Temmuz 2020
8-10. Baskı: Ağustos 2020

ISBN: 978-605-7865-92-2

*İmtiyaz Sahipleri: Yelda Cumalıoğlu, Mustafa Kutlukhan Perker
KaraKarga Yayınları, Destek Yayınları'nın alt kuruluşudur.*

Yayıncı Sertifika No: 13226
Adres: Abdi İpekçi Cad. No 31/5
Nişantaşı / İstanbul
Tel: (0 212) 252 22 42
Fax: (0 212) 252 22 43

karakarga.com
info@karakarga.com
karakargayayinlari
karakargayayinlari
karakargayayin

Baskı: Deniz Matbaa Mücellit
Adres: Maltepe Mahallesi Hastane Yolu,
Sokak No 1/6 Zeytinburnu - İstanbul
Tel: 0 212 613 30 06
Matbaa Sertifika No: 40200

KARAKARGA

50 MADDEDE İLİŞKİLER

Adil Yıldırım

İçindekiler

İNSAN RUHUNA YOLCULUK **s17**

KENDİNİ TANIYOR MUSUN? **s21**

İLİŞKİLERDE ARADIĞIN NEDİR? **s25**

İLİŞKİLERİ DENGEDE TUTAN SEMBOL TERAZİDİR **s29**

İDEAL İLİŞKİ NEDİR? **s33**

İNSAN İLİŞKİLERİNDE EN ZOR DUYGU NEDİR? **s37**

İNSAN İLİŞKİLERİNDE EN BÜYÜK TUZAK NEDİR? **s41**

İLİŞKİLERDE BAŞARIYA GÖTÜREN FORMÜL NEDİR? **s45**

İNSAN İLİŞKİLERİNDE EN SEVİLEN DUYGU NEDİR? **s49**

İLİŞKİLERDE EN BÜYÜK YANILGI NEDİR? **s53**

EINSTEIN NEDEN HAKLIYDI? **s57**

SADECE SENİN BAŞINA GELMİYOR **s61**

"SIRTLAN ERKEK" KAVRAMININ ANLAMI **s65**

KADINLARIN EN BÜYÜK ZAAFI NEDİR? **s69**

SIRTLANLAR HER ZAMAN BAŞARILI OLMAYA
DEVAM EDECEKLER **s73**

NE İSTEDİĞİNİ BİLMENİN DAYANILMAZ HAFİFLİĞİ **s77**

GERÇEKLER ACITIR AMA İŞE YARAR **s81**

İLİŞKİLERDE KÜLTÜR FARKI SORUN YARATIR MI? **s85**

AŞK BİR SUDUR, İÇ İÇ KUDUR **s89**

BİZ KAVGA ETMEYİ SEVİYORUZ **s93**

KABULLENDİM, ÖYLEYSE VARIM **s97**

EX'TEN NEXT OLUR MU? **s101**

YA BENİMSİN YA DA BENİMSİN **s105**

TANIDIĞIM ŞEYTAN TANIMADIĞIM MELEKTEN İYİDİR **s109**

SANKİ ONLARDA KÖTÜ ÖZELLİKLER YOK MU? **s113**

ESKİ SEVGİLİMİ NASIL GERİ KAZANABİLİRİM? PART 1 **s117**

ESKİ SEVGİLİMİ NASIL GERİ KAZANABİLİRİM? PART 2 **s121**

ERKEĞİN AYRILIK SONRASI YAŞADIĞI ÜÇ AŞAMA NEDİR? **s125**

"ALFA ERKEK" KAVRAMI NE ANLAMA GELİYOR? **s129**

BİR ALFA KOLAY YETİŞMİYOR;
EMEĞE SAYGI LÜTFEN! **s133**

ALFALAR BANA NEDEN DENK GELMİYOR
DİYEN KADINLAR ÜZERİNE **s137**

DOĞRU İNSANI NEREDE BULABİLİRİM? **s141**

ALEV KAPANI: SOSYAL MEDYA **s145**

SOSYAL MEDYADAN SAĞLIKLI İLİŞKİ OLUR MU? **s149**

SOSYAL MEDYADAN YAZIŞIYORUZ,
NASIL DAVRANMALIYIM? **s153**

İLİŞKİDE TRAFİK IŞIKLARI VE SİNYALLER **s157**

BİZ FARKLI DÜNYALARIN İNSANLARIYIZ **s161**

BEN SATÜRN'DEKİ KİRAZLIK KÖYÜNDEN GELİYORUM **s165**

İLK GÖRÜŞMEDE ALTIN KURALLAR **s169**

ERKEKLER İLK GÖRÜŞMEDEN SONRA NEDEN ARAMAZ? **s173**

HIMBIL ERKEK HANGİ GEZEGENDEN GELİYOR? **s177**

ERKEKLER NE İSTER? **s181**

ERKEKLER HANGİ KADIN İLE CİDDİ İLİŞKİ DÜŞÜNÜR? **s185**

ARABA KULLANMAYI BİLİYOR MUSUNUZ? **s189**

BİR ERKEĞİN SENDEN HOŞLANDIĞINI NASIL ANLARSIN? **s193**

ERKEKLERİ EN ÇOK ÜRKÜTEN KADIN DAVRANIŞLARI **s197**

ARKADAŞLIKTAN SEVGİLİ MODUNA GEÇİŞ VAR MIDIR? **s201**

GÜVENİLİR BİR ERKEĞİN ON ÖZELLİĞİ NELERDİR? **s205**

İLİŞKİLERİNİZDE NARSİST İNSANLARDAN UZAK DURUN **s209**

EVLİLİK ANALİZİ NEDİR? **s213**

KENDİME NOTLAR **s217**

İLİŞKİLERDE UYUM TESTİ **s221**

Bu kitap,
"ilişkisinde mutluluğu arayan,
elinden gelen her şeyi yapan
ama yine de sevgilisini mutlu edemeyip
YARANAMAYANLAR KULÜBÜNE üye olan tüm papatyalara;
ruh eşini bir gün bulacağına inanan ve inancını asla
kaybetmeyenlere,
ve
dünyada olup biten her şeye rağmen
aşkı deliler gibi yaşamayı sevenlere"
ithaf edilmiştir...

Her şey yazarak başladı. Daha küçük yaşlardayken ortaokulda yazmanın benim için ne kadar etkili bir terapi olduğunu fark ettim. Bunu yaparak gerçeklikten uzaklaşıp iç dünyama kaçabildiğimi, kendi ruhuma ulaşabildiğimi gördüm ve rahatladım çünkü o yaşlarda yaşadığım ergenlik sıkıntılarından kurtulmanın iyi bir yolunu bulmuştum. Üstelik bu yolu hayatım boyunca kullanabilirdim.

Ayrıca hem beni sıkıntılarımdan kurtaran hem de büyük keyif veren bir uğraş bulmanın dayanılmaz hafifliğini bundan tam yirmi beş sene önce keşfetmiş olmak benim için hayatımın en büyük şansıydı desem yalan olmaz.

Bu yirmi beş yılda çok şey yaşadım, yurtdışında bulundum ve sonra ülkeme döndüm ama hayatım adeta bir sörf tahtasının üzerinde geçti. Gelen dalgalar bazen korkutucu derecede büyüktü ama her sörfçü boğuşmayı öğrenmek zorundadır.

Okuyacağınız satırlarda sadece İtalya'da aldığım eğitimler, bana Uluslararası Koçluk unvanına getiren süreçler yer almıyor; hatta bana kalırsa asıl mesele bunlar değil. Sizlere aktaracağım satırlarda yaşadığım her andan biriktirdiğim gözlemler, deneyimler ve hisler yer alıyor.

İnsan davranışlarında hislerin önemini asla hafife alamam çünkü bazen belli belirsiz bir önsezi hayatımızın yönünü aniden değiştiriverir. Ben her zaman hislerimi dinledim ve binlerce deneyim içeren bu kitapla karşınızdayım.

Tarih: Eylül 2019.

Yer: Ankara.

İmza günüm nedeniyle Ankara'daydım ve izdiham denilecek bir kalabalık AVM'nin en üst katını doldurmuştu. İmza yapacağım kitabevi bu duruma çok şaşırmıştı çünkü beni pek tanımıyorlardı, samimi sohbetimiz sırasında bana şöyle dediler: "Buraya çok ünlü yazarlar geliyor ancak böyle bir kalabalığı daha önce görmedik."

Şaşkınlıklarının sebebini ise şöyle açıkladılar:

"Sansasyonel biri değilsiniz, televizyonlarda pek görünmüyorsunuz ve diğer ünlüler sizden bahsetmiyorlar; bu durumda bu kadar insanın sizi tanıyor olması çok şaşırtıcı." Hayatımda duyduğum en samimi yorumlardan biriydi çünkü ülkemizde ünlü diye tabir edilen birtakım insanların bahsetmediği ve ön plana çıkarmadığı kişilerin tanınması ve halka ulaşması pek olası değildir.

Fakat ben klasik ve kolay yolları denemek için yeryüzüne gelmedim.

Ankara'daki imza günüm esnasında sıradaki bir teyze dikkatimi çekti: Yetmiş yaşlarındaydı ve yanında genç bir kız duruyordu. Yaşlı olduğu için sıradaki okurlarımdan izin isteyerek onları öne aldım ve teyze kulağıma yanaşıp şöyle söyledi: "Oğlum, ben senin videolarını torunuma izletiyorum. Bilirsin, gençler asi olurlar, o da henüz ergenlik çağında ve ilişkisinde bizi dinlemiyor. Bu kız benim tek torunum ve üzülsün istemiyorum, erkek arkadaşından zarar görsün istemiyorum. Sen genç kızlara o kadar güzel nasihatler veriyorsun ki tuttum elinden buraya getirdim. Bizi dinlemeyen kız neyse ki senin videolarını izliyor ve seni seviyor. Baktım ki son dönemde ilişkisi düzeldi, çocuk buna daha saygılı davranmaya başladı. Allah senden razı olsun."

İtiraf etmeliyim ki, teyzenin bana yaklaşımı ve bakışları içime işledi; yetmiş küsur yaşlarında bir kadının bana duyduğu bu yoğun saygı karşısında yutkundum, sanırım kendisinin bu taş gibi güçlü sözlerine hazırlıklı değildim.

O anda önümdeki manzara netleşmeye başladı; beni halkla buluşturan Yaradan, bana hiç tanıma fırsatı bulmadığım insanların hayatına dokunma gücünü nasip etmişti. Bunu hissetmek aynı zamanda bunun getirdiği sorumluluğu da hissetmemi sağladı.

Teyze gitmeden son hamlesini yaptı: "Senden bir ricam var: Bütün bunları ailelerin çocuklarına okutacağı şekilde bir kitap haline getirirsen biz de sana duacı oluruz."

O anda bu kitabı yazmaya karar verdim. O gün teyze gözlerimin içine bakarken rahmetli anneannemi hatırladım: "Bu çocuk ileride bu ülkeye faydalı olacak," demişti. O anda etrafındakiler ona inanmış mıydı bilmiyorum çünkü muhtemelen ağzımda emzik vardı.

Ben vatansever biriyim. İnsan yurtdışındayken ülkesini çok özlüyor, İstanbul'u özlüyor, sokaklardaki çocukluğunu ve ıslak toprak kokusunu özlüyor. İşte bu duygularla ülkeme olan borcumu ödemek istiyorum. Bence teyze haklıydı çünkü bunun zamanı geldi.

Bu kitabı yazmamın ana sebebi, kadınlara erkek düşünce sistemini anlatmaktır.

Eğer genç bir kız, karşısındaki erkeğin düşünce sistemini daha küçük yaşlardan anlayıp analiz edebilirse kendini ondan koruyabilir ve ilişki travmaları yaşamadan ergenlik sürecini atlatır. Aynı şekilde kırk yaşlarında evlenip boşamış olgun bir kadın, evlilik travmasının ardından gerçekten güvenilir ve karakter sahibi bir erkeği hayatına almak istediğinde bu kitapta kendisine verdiğim tüyolardan faydalanabilir.

Bir erkek takipçimin bana gönderdiği mesajı unutmuyorum, mesajı ofisime astım:

"Adil Bey, karımın neden sizi izlediğini anlamıyordum ve ona kızıyordum. Sonra baktım ki bu videolar faydalı oldu ve beni daha iyi anlamaya başladı, bana karşı davranışları değişti. Eğer karım bana daha iyi davranıyorsa senin hakkında eskiden söylediğim pek hoşuna gitmeyecek sözlerin hepsini geri alıyorum! Kusura bakma, hakkını helal et..."

Ben kadınları seviyorum, onlara papatyalar diyorum çünkü onlar tabiatın her noktasına hayat veriyorlar. Çocukluğumdan beri kadınlarla büyüdüm ve onların neler yapabildiklerine şahit oldum.

Mutlu toplum sadece ve sadece kadınların mutlu olmasıyla mümkündür ve kadınların mutlu oldukları bir toplumda en başta aile kurumu olmak üzere, tüm ülkeyi koruma altına almış oluruz.

Sizi sevdiğimi tek bir an olsun unutmayın.

Adil Yıldırım

1

İNSAN RUHUNA YOLCULUK

Dünya üzerinde kaç tane kara delik olduğu bilinmez ama en derin kara delik, şüphesiz, insan ruhudur.

Bundan daha derin ve sonsuz bir karanlık olamaz çünkü insan, çocukluğunda ve hatta anne karnında biriktirdiği taşları ömür boyu dökmeye çalışır ancak hepsini dökemez. Bu durumda ilk ilişki insanın kendisiyle kurduğu ilişkidir ve eğer burada sorun varsa kendisi dışındaki varlıklarla sağlıklı bir ilişki kurabilme şansı oldukça düşüktür.

Bu kitapta sizlere insan ilişkilerinde belirleyici olan elli maddeyi aktaracağım ve her zaman belirttiğim gibi, erkek dünyasından tüyoları kadınlarla paylaşmak istiyorum.

Bunu yaparken şu noktanın altını çizmek gerekir: Kadın-erkek ilişkilerinde özellikle erkek dünyasının tam bir muamma olduğunu düşünüyorum çünkü kadınlar iletişime açıktır ve gerek kendi aralarında gerekse erkeklerle konuşurken kendilerini ifade etme kabiliyetleri oldukça yüksektir. Duygu beyanı yapabiliyorlar ve bunu yaparken kullandıkları kelime sayısı ortalama kültüre sahip bir erkeğin kullandığı kelime sayısının yaklaşık on iki katından fazla. Bu durumda kendini ifade edemeyen ve duygularını açıkça ortaya koyamayan cins, net olarak, erkeklerden oluşuyor. İşte bu sebeple, kadın-erkek ilişkilerindeki sorunları çözme amacımı koruyarak, ilişkilerde kendini ifade edemeyen erkeklerin davranış biçimlerini size detaylarıyla anlatacağım.

Öncelikle, bir insan gerek hemcinsleriyle, gerek karşı cinsle ve gerekse diğer canlılarla iletişime girdiğinde, asla kendi ruhundan ve geçmişinden bağımsız hareket edemez.

Bir örnek ile açıklayalım: Sanırım dört veya beş yaşlarındaydım, şortumu giymiş sokakta oyun oynarken bir kedinin, belki de önceki gece eşiyle sıkıntılar yaşamış bir kedinin, vahşi saldırısına uğradım. Tek yaptığım, oyun parkında yaşıtım birkaç çocukla oynamaktı ve bırakın kediye zarar vermeyi, o anda parkta bize eşlik ettiğinden bile haberim yoktu.

Hayvan bizi uzaktan izlerken benim yaptığım bazı hareketlerden rahatsız olduğunu düşündüm. Bu arada şortumla ayak bileğim arasındaki çıplak bölgeyi gözüne kestirip bana usulca yaklaşmış. Onun keskin tırnaklarını sağ bacağımda hissettiğimde deliler gibi bağırmaya başlamıştım. Parkta diğer çocukların anneleriyle sohbet halinde olan annem durumu görüp hemen müdahale ettiğinde bacağım çoktan parçalanmıştı, beni yakınlardaki bir sağlık ocağına götürdüler. Bu sebepsiz saldırı belirli bir süre kedilerle aramda diplomatik sıkıntı yarattı ve onları "aniden saldırabilecek güvenilmez hayvanlar" olarak zihnimde kodladım. Uzun zaman boyunca bilinçaltım kedilerin varlığına çeşitli tepkiler verdi. Mesela sayfiyede bir kafede otururken ayaklarımın altından bir kedinin geçtiğini hissettiğim zaman masayı aniden devirecek bir hızla yerimden zıplar ve çayların masanın etrafındaki günahsız dostların üzerine devrilmesine yol açmak suretiyle kendime yeni düşmanlar edinirdim. Bırakamadım bu huyumu, terapilere gitmek zorunda kaldım ve uzun çalışmalar sonucunda yendim.

"Şimdi ne durumdasınız," diye soracak olursanız; evet, yendim ve yanımda dolaşmalarına izin veriyorum, kedileri seviyorum ve çok şirin buluyorum. İçimde onlara karşı kesin bir güven var mı? Hayır, yok çünkü bende yalan yok. Ruhumda, derinlerde bir yerde

aniden saldırabilen güvenilmez hayvanlar **olarak yaşamlarını sürdürüyorlar.**

2

KENDİNİ TANIYOR MUSUN?

Bu satırları okuyan değerli okurum, sen kendini tanıyor musun?

Aslına bakarsanız, kendini tanıma süreci yaşam boyu sürebilecek en zorlu aşamadır ve çoğu insan bu aşamayı tamamlamadan, hatta bunu yapması gerektiğini bile düşünmeden yaşayıp gider. Size ilk tüyoyu vereceğim:

"Ben başka insanlarla düzgün ilişkiler kurmakta zorlanıyorum," diyorsanız öncelikle kendinizi daha iyi tanımaya çalışmalısınız çünkü insan ilişkilerinde sizi başarıya götürecek tek bir gerçek vardır: *Kendin olmak.*

Birçok insan, sosyal ilişkilerinde veya iş hayatında bir başkası gibi davranmayı tercih eder. Bunun iki sebebi vardır:

1. Bu şekilde davranmanın kendisine daha çok ve daha çabuk başarı getireceğini düşünür, kısa yoldan giderek o insanların istediği gibi olmayı tercih edip kendinden ödünler verir. Kendisi olursa başarıya giden yolda zaman kaybetmekten ve hatta başarısız olmaktan endişe duyar.
2. Kendisi gibi davranamaz çünkü kendisi olmak için öncelikle kendini tanıması gerekir fakat hayatında hiçbir zaman kendini tanımaya yönelmemiştir, buna kafa yormamıştır. Ona, "Kendin ol," dediğinizde size uzaylı görmüş gibi bakar çünkü bunun ne demek olduğunu bile anlayamaz. Bu insanlar samimi olmayı beceremezler.

Yıllarca yurtdışında yaşadım (İtalya'da on sene) ve otuzdan fazla ülkeye seyahat ettim. Kimi zaman iş için kimi zaman ise turistik amaçlı gezdim ve insanları gözlemledim. İnsan ilişkilerinde belirleyici olan davranış dinamiklerini incelediğimiz zaman binlerce yorum yapabiliriz ancak bir gerçek vardır ki, insanlar sizdeki samimiyete bakarlar ve samimi olmadığınızda bunu hızla anlayıp bir kenarda sakladıkları maskelerini takmakta tereddüt etmezler. Birkaç saniye içerisinde sizinle ilgili karar verip size karşı davranış biçimi geliştirirler. Buna savunma mekanizması diyoruz.

Bu kural asla değişmez.

Samimi olabilmeniz için kendinizi tanımanız gerekir; örneğin mutlu olmadığınız bir gün yüzünüze ısrarla sahte gülümsemeler takmaya çalışmanız yersizdir çünkü onlara kibarlık yapma adına insanlarda "samimiyetsiz" biri olduğunuz izlenimi yaratırsınız. Böyle davranmak yerine, "Kusura bakmayın, bugün kötü bir haber aldım, canım biraz sıkkın ancak size bunu yansıtmak istemiyorum ve bu konuda elimden geleni yapacağım," dediğinizde birkaç saniye içerisinde onların gözünde samimi bir insan olduğunuz gibi; aynı zamanda onlarla aranızda bir çeşit "duygudaşlık" kurabilirsiniz. İnsani olarak ne yaşadığınızı merak edip akıllarından çeşitli ihtimalleri geçirmiş olmaları bile kendilerini size yakın hissetmelerini sağlayacaktır.

Kendini tanımak ve duygularını benimsemek, insanın kendi ruhuyla barışık olmak için atacağı ilk adımdır ve bunu yaptığınızda gerisi mutlaka gelir.

Duygunu tanı ve onunla yüzleş.

3

İLİŞKİLERDE ARADIĞIN NEDİR?

Yıllar içerisinde ilişki koçu olarak binlerce insanla çalıştım ve onlara ilişkilerini analiz ederken sorduğum ilk soru asla değişmedi: ***Ne istiyorsun?***

Bu soruya verilen cevap o kadar net olmalıdır ki, danışan buna yanıt verirken bir an bile tereddüt etmemelidir çünkü ne istediğini bilmeyen bir insanın ilişkilerinde başarılı olma şansı yoktur.

"Partnerinizde aradığınız ilk üç özellik nelerdir?" sorusuna verilen bir yanıtı değerlendirelim:

Neşeli, depresif olmayan,

Dobra, fesatlık içermeyen,

Vefalı, dostane davranan.

Bu cevapları veren kadın danışanım bu üç özelliğe sahipti, dolayısıyla karşısındaki insanda kendisinde de bulunan bu özellikleri arıyordu. Bu kural hiç değişmez, sizde olan özellikleri karşınızdaki insanda ararsınız. Örneğin çok cimri bir insan, partnerinde öncelikli olarak cömertliği aramaz, başka özellikleri arar çünkü kendisiyle uyumlu olmasına önem verir.

Benzer olmayan özellikler insanda tehdit algısı yaratır.

Bunca yıllık çalışmalarımda doğru bilinen yanlışlarla karşılaştım ve videolarımda bunları insanlara aktarmaya çalıştım. Örneğin "Zıt kutuplar birbirini çeker" söylemi kısmen doğrudur çünkü insan farklı olana yönelir ve onu ilginç/enteresan bulur; ancak bu "Zıt kutupların birbirine bağlanacağı" anlamına gelmez. Bu çekim uzun süreli olmayacaktır; örneğin bir mobilya dükkanında size enteresan gelen dolabı satın alıp odanıza koyduğunuzda bir süre sonra şunu fark edersiniz: Bu dolap evinizdeki diğer eşyalarla uyumlu değildir. Bunu fark ettiğiniz anda artık onu değiştirmek istersiniz çünkü evinizde korumaya çalıştığınız denge sizi uyumlu olmaya yöneltir.

Eğer hayatınızda sizinle hiçbir şekilde uyumlu olmayan insanlara ederinden fazla değer verip kötü ilişkiler yaşıyorsanız bu durumda sorun onlarda değildir; muhtemelen onlar sizinle uyumlu olmadıklarını fark ederler ancak şu veya bu sebeple sizinle birlikte olmaya devam ederler. Bu durumda asıl sorun sizdedir çünkü hayatınızdaki dengeyi sağlayan mantık terazisinin kantarı yerinden oynamıştır. Hayatınızı yörüngede tutan dengeyi bir kez kaybettiğinizde uyumsuz ilişkiler yaşamaya başlarsınız.

Her şeyden önce kendinize şu kritik soruyu yöneltmelisiniz:

"Benim ilişkide aradığım duygu nedir ve neden bu duyguyu arıyorum?"

4

İLİŞKİLERİ DENGEDE TUTAN SEMBOL TERAZİDİR

Tarih boyunca insanoğlu kendini ifade edebilmek için önce işaret dilini, sonra sesini ve sonra da sembolleri kullanmıştır. Semboller insan beynine sübliminal mesajlar verir ve herhangi bir kavramı sayfalarca anlatmadan tek bir işaretle karşı tarafa aktarmanızı sağlar. Bu anlamda ifade sanatında semboller son derece önemlidir.

Her insan kendini özetleyen bir veya daha fazla sembole odaklanır ve kimileri dövme yaptırmak suretiyle bu sembolleri teninde taşımak ister. "İçime işledin," denir ya; işte sembollerin ardında saklanan felsefe veya gizli anlamlar insanın ruhuna işlemiş olabilir ve bu felsefeden asla uzaklaşmak istemez. Benim hayatımdaki sembol ise "terazidir" çünkü bu sembolün tüm ilişkilerimde dengeyi sağladığını bilirim.

Öte yandan kendimizle ilişkimizde terazinin dengesini asla yitirmemek gerekir; ne kendini deliler gibi eleştirmek ne de egoya tamamen teslim olmak doğrudur.

Teraziyi aklınızda tuttuğunuz sürece başarılı olursunuz.

Açıklık getirmek adına buna bir örnek verelim: Ego kavramı sanıldığı kadar zararlı değildir çünkü dünya tarihinde başarılı olmuş her büyük lider, egosunu büyük bir titizlikle kullanmıştır; dengeyi sağladığı sürece bu konuda sorun yaşamamıştır. Yani egomuzla ilişkimiz de dengeli olduğu sürece, onu olması gerektiği şekilde ve başka kimseye zarar vermeden sadece kendi başarılarımız için kullandığımız sürece, son derece faydalı bir mekanizma haline getirebiliriz.

İnsan beyni sağ ve sol beyin olarak ikiye ayrılır ve emin olun, ilişkilerinizde yaşadığınız her problemin altında bu iki bölüm arasındaki yoğun rekabet saklıdır. Sadece sol beynini kullanan bir insan, duygularını derinlere gömer ve rasyonel bir yaşam sürmeye çalışır fakat bunu yaparken teraziyi ve denge kuralını unutur; duygusuz yaşamak ona insan olma bilincini zaman içerisinde kaybettirir ve kişi farkında olmadan robotlaşır, hislerini görmezden gelir.

Aynı şekilde, sadece sağ beynini kullanan bir insan duygularına teslim olur ve mantıksız davranmaya başlar; oysa sadece duygularla yaşamak bir insanı hayatın gerçeklerinden uzaklaştırır. Mantığı devre dışı bırakıp ütopik bir algı tarafından yönetilen insan, zaman içerisinde gerçeklerle yüzleştikçe depresif bir hal alır; ya bu durumu kabullenmez ve çevresine karşı agresif bir tavır takınır ya da kendine inancını yitirir ve özgüvenini kaybeder.

Bu durumda, beynimizde bile işleyişi sağlayan ana unsur terazi, yani dengedir. Sağ ve sol beyin arasındaki dengeyi ne kadar sağlam kurabilirsek düşüncelerimiz de o kadar sağlıklı olur ve bu şekilde hayatımızda doğru kararları verebiliriz.

Doğru düşünceler doğru davranışlara ve doğru davranışlar da sağlıklı ilişkilere dönüşür.

5

İDEAL İLİŞKİ NEDİR?

İnsan ilişkilerinde "ideal ilişki" diye bir kavram vardır ve ben size çeşitli yönleriyle bu ilişki biçimini tanımlamak istiyorum.

İlk dört bölümde sizlere insanın kendi ruhuyla ve bilinçaltıyla ilişkisi üzerine bazı temel bilgileri aktardım çünkü ilişki kavramının içini doldurmadan bundan sonraki bölümlere geçemeyiz.

Yaşantımızda her an çevremizdeki insanlarla, diğer canlılarla ve eşyalarla uzaktan veya yakından ilişki halindeyiz. Bu durumda bize mutluluk veya üzüntü veren, işte bu ilişkilerdir. Kimi zaman bu ilişkilerin varlığı ve yorucu bir hale gelmesi bize zarar verir kimi zaman da bu ilişkilerin yokluğu ve eksikliği bize kendimizi yalnız hissettirir. Günün sonunda eve gittiğinizde sizi mutlu veya hüzünlü bir insan haline getiren de, sabahtan akşama en başta kendinizle ve sonra diğer insanlarla kurduğunuz ilişkilerdir.

Kısa bir bilgi verelim: İşyerinde bir insanla sosyal ilişki halindesiniz ve bu ilişki içten içe sizi huzursuz ediyor. Bunu "ideal ilişki" haline getirmek istiyorsanız şunu aklınızdan çıkarmayın: İdeal İlişki, yeri geldiğinde rahatlıkla "hayır" diyebildiğiniz ilişkiye denir. Eğer bir insana şu veya bu sebeple "hayır" demekten çekiniyor ve kendinizden ödün veriyorsanız bu kesinlikle ideal bir ilişki değildir çünkü kendinizden feragat ettikçe özbenliğinizle ilişkiniz bozulur ve bu da ruhsal huzursuzluk yaratır.

Bazı sonuçları olacaktır; örneğin gece uykunuz kaçar, ona söyleyemediğiniz bir söz ya da size haksızlık ettiği bir olay yüzünden sabaha kadar gözünüze uyku girmez.

Bu konuyu sizlere akılda kalıcı bir sembol ile açıklamak istiyorum:

Yuvarlak bir küme düşünün, içinde A ve B harfleri olsun. Bu ideal bir ilişki değildir çünkü iki tarafın da hiç özel alanı kalmamıştır.

Kesişen iki küme düşünün, kesiştikleri noktada ortak yönleri ve uyumlu paylaşımları var ama aynı zamanda kendi özel alanlarını da koruyorlar; işte iki birey arasındaki ideal ilişki budur. Bu sembolü aklınızda tutarsanız bir insanla iletişime geçerken ne yapmanız gerektiğini çok iyi bilirsiniz. Ona karşı anlayışlı olun ancak asla kendinizden feragat etmeyin çünkü en başta kendi karakterinizle ilişkinizi korumak zorundasınız, sizin önceliğiniz kendinizi korumaktır ve bu kesinlikle bencillik değildir; ruhsal dengenizi korumak için bunu yapmalısınız. Kendisiyle barışık olmayan bir insanın başka kimseye yardımı dokunmaz.

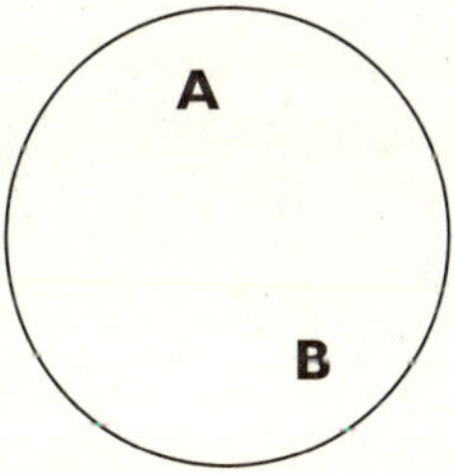

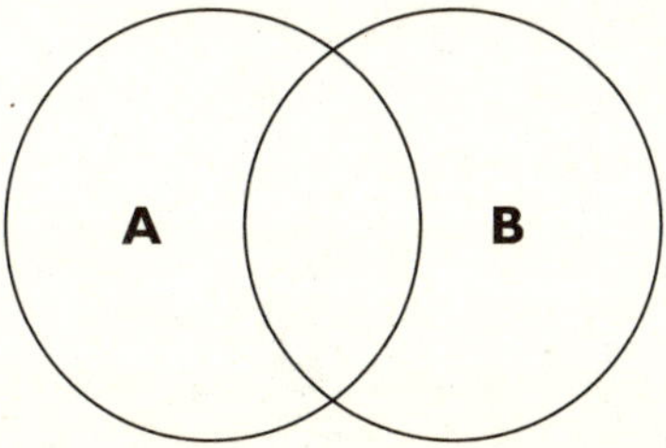

Partnerinizin herhangi bir isteğine "hayır" demenize rağmen sizinle ilişkisine devam ediyorsa ve sizi bir daha bu konuyu hatırlatmadan menfaatsiz ve karşılıksız bir şekilde seviyorsa işte bu ideal bir ilişkidir.

İdeal ilişkide hiçbir menfaat yoktur; sadece paylaşım ve duygudaşlık vardır.

6

İNSAN İLİŞKİLERİNDE EN ZOR DUYGU NEDİR?

İnsan ilişkilerinde en rahatsız edici duygu üzerine çeşitli araştırmalar ve çalışmalar yaptım, sonra danışanlarımla yaptığım bireysel seanslardan aldığım notları bir araya getirdim ve göz gezdirdim. İlişkilerde insanları rahatsız eden çeşitli duygular var ancak en rahatsız edici olanı düşündüğüm zaman karşıma çıkan cevap şuydu:

"Yüzleşme."

Kimse yüzleşmeyi sevmiyor. "Ben yüzleşmeyi severim," diyen insan bile aslında içten içe bu yüzleşmeye sebep olan insana diş bilemektedir çünkü buna engel olamaz. Bunun birincil sebebi elbette egosu ve korumak zorunda olduğu özgüven duygusudur; bunlar en az hayatta kalma içgüdüsü kadar baskın bir şekilde insanı tüm davranışlarında yönlendirir.

İnsan ilişkilerinde benzer yönler uyumu sağlar demiştik çünkü sizinle aynı özelliklere sahip bir insanı kendinize daha yakın hissedersiniz. Örneğin kendini hayat boyu mağdur hisseden ve mağdur edebiyatına sığınan bir insan, yine kendisi gibi mağduriyet duygusuyla hareket eden birini kendine yakın hissedip onunla daha kolay iletişim kuracaktır. Üstelik bu insan, onda hiçbir yüzleşme yaratmaz çünkü ikisi aynı davranış biçimiyle hareket ederler.

Oysa farklı özellikleri olan bir insan tehdit algısı yaratır çünkü bizde olmayan özelliklere veya bakış açısına sahiptir ve bu da onunla her bir araya geldiğimizde kendimizi eksik veya ondan daha aşağıda hissetmemize neden olabilir. Onda olup da bizde olmayan özellikler bizde bir çeşit yüzleşme yaratır ve bu durum çoğunlukla hoşumuza gitmez fakat yüzleşmemek adına başka bahaneler yaratırız. Örneğin; "Bence itici" ya da "Bence antipatik" gibi hiçbir anlamı olmayan bahanelerle onu kodlamaya çalışırız.

İnsan ruhu üzerine yazdığı romanlarla adından söz ettiren büyük yazar Stefan Zweig bu durumu şöyle ifade etmiştir: "Başka insanların nefretini kazanmak, olağanüstü ruhların kaderidir."

Diğerleri gibi düşünmeyen veya olmayan farklı ruha sahip insanlar, diğerlerinde olmayan özellikleri veya yetenekleri vurgulayıp bir çeşit yüzleşme yarattıkları için nefret edilen bireyler haline gelebilir. Aynı şekilde sosyal ilişkilerde hangi insanda yüzleşme yaratırsanız o insan sizden uzaklaşır ve mecbur olmadıkça sizinle görüşmek istemez, çeşitli bahanelerle sizden uzak durur. Bana sıklıkla yöneltilen bir soruya yanıt vermek isterim: "Adil Bey, hiçbir şey yapmasam da işyerimde bazı insanlar benden nefret ediyor, bunun sebebi nedir?"

Sizin sahip olduğunuz bazı özellikler ve sadece varlığınız bile onları kendi eksik yönleriyle yüzleşmek zorunda bırakıyor; çaresiz kalıp bu acıyı size yöneltiyorlar.

7

İNSAN İLİŞKİLERİNDE EN BÜYÜK TUZAK NEDİR?

Hayat yolculuğunda karşınıza çıkan insanların hiçbiri sizinle tesadüf eseri tanışmaz, hepsinin bir amacı ve size karşı yerine getirmesi gereken bir rolleri vardır. Bunlar ufak ya da büyük roller olabilir ama sonuçta sizin hayatınızda muhakkak bir iz bırakıp giderler ya da yaşam boyu kalırlar.

Bir insan hiç beklemediğiniz anda hayatınızdan çıkıp gittiğinde hatayı öncelikle kendinizde aramanız gayet doğaldır ve sağlıklı bir yöntemdir çünkü kendinizi geliştirmek ve eğer bir hata yaptıysanız ileride bunu tekrarlamamak için analiz etmeniz gerekir.

Öte yandan, sizde hiçbir hata olmayabilir ve kendinizi kötü hissetmenizin sebebi, karşı tarafın size yaptığı manipülasyon olabilir; özellikle de bu konuda uzmanlaşmış bir insan size kendinizi tamamen suçluymuş gibi hissettirip ondan yok yere özür dilemenize bile sebep olabilir. Bunu yapabilmek için yeri geldiğinde sizin yüzünüzden çok mağdur olduğunu vurgular, başka insanları da size karşı yönlendirir ve herkesi size karşı kışkırtmaya başlar.

İşte bu size karşı kurulan en büyük tuzaktır çünkü bu durumda sadece o insanı kaybetmiş olmazsınız (ki böyle bir insanın hayatınızdan çıkması bir kayıp değil, kazançtır) aynı zamanda çevrenizdeki diğer ortak arkadaşlarınız da sizin karşınızda yer alarak sizi sosyal çevrenizden izole ederler. Bu durumda kendinizi yoğun bir yalnızlık hissiyle baş başa bulursunuz. Buna hazırlıklı olmayan insanlar için büyük bir yıkımdan söz ediyorum.

Size manipülasyon konusunda çarpıcı bir örnek vermek isterim, sanırım birçok insan buna benzer bir durum yaşamıştır: Üniversite yıllarımda bölümümde farklı gruplaşmalar olduğunu fark ettim; bu gruplar dört veya beş kişilik topluluklar halinde okulun bahçesinde dolaşıyorlardı. İşin enteresan yanı, her zaman birlikte hareket edip neredeyse lavaboya bile birlikte gitmeleriydi. Bu durum bana komik geliyordu çünkü kendi kimliğimi kazanabilmek için hiçbir gruba dahil olma ihtiyacı hissetmiyordum. Ben kendi başıma ve sadece ben olarak varlığımla okulda yer alabilirdim, bunu hissedebilmek için ille de şu veya bu arkadaş grubuna dahil olmak zorunda değildim.

Dikkatli baktığımda bu ufak öğrenci grupları içerisinde yoğun bir manipülasyon olduğunu gördüm; gruba dahil olan bir insan herhangi bir sebeple diğerleriyle birlikte sinemaya gitmediği zaman kesinlikle dışlanıyor ve onlara katılmamak konusunda ısrar ederse hemen dışlanacağını anlıyordu. Bu durumda o grup dışında bir arkadaş çevresi olmadığı için mecburen, bir köle gibi, gruptaki diğer bireylere uymak zorunda kalıyordu çünkü dışlanmak aslında yalnız kalmak demekti ve yalnızlık da bu insanlar için neredeyse ölüm demekti.

İnsan ilişkilerindeki en büyük tuzak, manipülasyon yoluyla bir sosyal çevreden izole edilmek ve yalnızlık korkusuna tabi olmaktır. Manipülasyon büyük bir güçtür.

8

İLİŞKİLERDE BAŞARIYA GÖTÜREN FORMÜL NEDİR?

Stanford Üniversitesinde 2011 yılında yapılan bir araştırmayı okuduğumda enteresan bir bilgiyle karşılaştım. Daha önce insan davranışlarının dinamikleri üzerine araştırmalar yaptığımda bu bilgiye ulaşmıştım ancak ben Amerika'da bile aynı bilginin geçerli olduğunu bilmiyordum; itiraf etmeliyim ki bu durum beni biraz şaşırttı.

Evlilikleri bozan en büyük sebebin "iletişim sorunları" olduğu yazıyordu. Elbette bir evliliği boşanmaya götüren başka yüzlerce sebep vardır ve bunları sıralamak için uzun bir kitap yazmak gerekir ancak öncelikli sebep, basit konularda bile sağlıklı bir iletişim kurmaktan uzak olmalarıdır. Örneğin, partnerler evlilik içerisinde öyle bir noktaya geliyorlar ki, "Hayatım şu perdeyi lütfen örter misin, salonda otururken yüzüme güneş geliyor," demekten bile çekiniyorlar.

Evliliğinde sorunlar yaşayan çiftlerden şunu duymuşumdur: "Biz bu noktaya nasıl geldiğimizi bilmiyoruz ancak artık onun yüzünü bile görmek istemiyorum!"

Evlilikte her gün, her hafta ve her yılın sonunda bir bakiye birikir; buna göre ya kâr edersiniz ya da zarar. Evliliğin muhasebesini yapmadığınız sürece içinizde biriken olumlu veya olumsuz duyguları bilemezsiniz.

Sadece evlilik değil, sosyal ilişkiler de böyledir; bir insanla kurduğunuz sosyal ilişkide iletişim azalmaya başladığı anda aranızda yanlış giden bir şeyler olduğu bellidir. İletişimi azaltan ise, aranızdaki sorunları zamanında konuşmamış ve çözmemiş olmanızdır.

Peki bunu yaparken kullanmanız gereken formül nedir?

ÜSLUP.

Partnerler arasına bir çeşit mide bulantısı girdiği andan itibaren artık onunla konuşma isteği azalır ve yüzünü bile görmek istemezsiniz. Bu durumda, üslubunuz gittikçe agresifleşir ve gün geçtikçe o insandan uzaklaşmaya başlarsınız. Sonrasında ayrılık veya boşanma gelir. İşin en ilginç yanı ise, zamanında sadece doğru üslup kullanarak çözebileceğiniz ufacık sorunların adeta kartopu gibi büyüyerek aranızı bozmuş olmasıdır.

Bir ilişkiyi ayakta tutmak zordur ama bitirmek oldukça kolaydır, günümüzde boşanmaların ve kısa süreli ilişkilerin en büyük sebebi ise, sosyal medyanın devreye girmiş olmasıdır. Kimse üsluba dikkat etmiyor çünkü başka insanlarla tanışmak ve hemen yeni bir ilişkiye yelken açmak tarihte hiçbir dönemde olmadığı kadar kolaylaştı.

Ben kelimelerin gücüne inanırım; doğru üslubu kullanarak harika ilişkiler kurabilirsiniz. Bunun için tek yapmanız gereken, karşınızdaki insana değer vermek ve sakin olmaktır.

9

İNSAN İLİŞKİLERİNDE EN SEVİLEN DUYGU NEDİR?

Bazen bir bekleme salonunda oturmuş, sıranın size gelmesini beklerken yanınıza bir insan oturur. O anda size tamamen yabancı olan bu insan, belki de bir yabancı olmanın verdiği rahatlıkla, sizinle samimi bir sohbete girer ve beklediğiniz o yarım saat boyunca bu yabancıyla çok tatlı sohbet edersiniz. Ya da üç saatlik bir uçak yolculuğunda yanınıza oturan insan sizinle harika bir sohbete girişir ancak bu insan yaşamınız boyunca bir daha karşınıza çıkmaz. Onun rolü sadece o yolculukta size eşlik etmektir ama onunla yaptığınız sohbetteki samimiyeti başka kimsede bulamazsınız. Hani derler ya, "sohbetin tadı damağınızda kalır."

İnsan ilişkilerinde en zor duyguyu açıkladım: ***Yüzleşme***. En sevilen duygu ise ***samimiyettir***. Hele de günümüzde bu duygunun çok sevilmesi bana normal görünüyor çünkü artık tükendi ve zor bulunan bir duygu haline geldi.

Günlük yaşamda samimiyetsiz davranan insanlarla kimi zaman çeşitli koşullar altında ve mecburen bir araya geliyoruz ve sonra dikkatli bakma imkanımız olduğunda onların iletişim kurdukları diğer insanların da en az onlar kadar sahte ve samimiyetsiz olduklarını görüyoruz. Bu durum gayet normaldir çünkü aynı dili konuştukları için kendi aralarında iyi anlaşıyorlar. Öte yandan, bizimle samimi bir dille konuşan ve duygularını açıkça ifade edebilen insanlara kendimizi daha yakın hissediyoruz.

İnsanların sizden anlam veremediğiniz şekilde uzak durduklarını hissettiğiniz zamanlarda yapmanız gereken, onlara farkında olmadan samimiyetsiz bir tavır takınıp takınmadığınızı kontrol etmektir. Belki de farkında değilsiniz ama dışarıdan bakıldığında açıkça görülen bazı beden dili hareketleriniz veya yüz ifadeniz onları sizden uzak tutuyor ve sizinle ilgili yanlış bir izlenim yaratıyor olabilir.

Yıllar önce bir danışanım, ofisteki iş arkadaşlarının ısrarla kendisinden uzak durduğunu; oysa kimseye asla bir kötülük yapmadığını söylemişti. Derinlemesine çalıştığımızda bir davranışı dikkatimi çekmeye başladı: Ne kadar samimi bir anlatıma sahip olursa olsun, sürekli gözlerini devirip konuşuyordu ve bunun dışarıdan bakıldığında kendisiyle ilgili ne kadar antipatik bir izlenim yarattığının farkında bile değildi.

Bu durum üzerine çalışmaya başladık ve açıkçası pek kolay olmadı çünkü yıllar içerisinde insanlarla kurduğu iletişimde buna alışmıştı. Konuşurken gözlerini devirmek onda yerleşik bir davranış biçimini almıştı.

Gözlerini devirmek yerine kırpıştırmak üzerine çalışmasını istedim ve ofiste bunu denemeye başladı. Sonra bir arkadaşı ona şunları söylemişti: "Son zamanlarda sende bir değişim var, daha sempatik bir kadın oldun!"

Bazen tek yapmanız gereken, insanlara karşı samimi olmaktır...

10

İLİŞKİLERDE EN BÜYÜK YANILGI NEDİR?

Kimi zaman insanı kendi zihni yanıltır, bu sıklıkla yaşanan bir durumdur. Öyle ki, aslında gerçekte olmayan bir duruma inanır ve kafasında kurmaya başlar. Bunu destekleyecek biçimde, çocukluğundan getirdiği travmalar varsa bu durumda kafasında kurduğu senaryoların sonu gelmez.

Size bu konuda enteresan bir örnek vermek isterim: Sadece kadın-erkek ilişkilerinde değil, mesela ticari bir ilişkide bile bu durum geçerlidir. İki ortak iş yaparlarken birisi diğerini kazıklamış olsun. Kazıklanan adam buna kızmıştır elbette ve tepki gösterir ancak asıl mesele genelde bu değildir. Onu içten içe rahatsız eden asıl nokta, ortağının onu kazıkladığı için çok mutlu olduğunu ve sürekli bundan zevk aldığını kurmasıdır. Bunu düşünmekten ve hayalinde karşı tarafın bu durumu düşünerek attığı kahkahaları duymaktan kendini alamaz. İyice öfkelenir ve taşmakta olan öfkesini tutamayarak intikam almaya çalışır.

İnsan ilişkilerini ve kadın-erkek ilişkilerini size elli madde halinde anlattığım bu kitapta, size ilişkilerdeki en büyük yanılgıyı şöyle özetleyebilirim: Karşınızdaki insan, asla ve asla, ne sizin düşündüğünüz kadar kötüdür ne de iyi. Zihninizi ve hayal gücünüzü hesaba katarak en az yüzde yirmi yanılma payınız olduğunu unutmayın.

Seanslarda bazen bir danışanım yaşadığı tüm kötü olayları anlattıktan sonra, "Ama yine de onun iyi bir insan olduğunu biliyorum," der. Ya da tam tersini düşünelim: "Onun tam bir şeytan olduğunu biliyorum," diyerek ona kötülük yapan insanı adeta şeytanın kendisi haline getirir ancak ikisi de doğru yaklaşım değildir.

Zihnimizde birtakım olaylar yaratırız ve sonra hayal gücümüz buna bazı eklemeler yaparak bizi yanılgıya düşürür. Öte yandan insanların en büyük yanılgısı, başka insanların hayatlarının harika gittiği ve mutlu oldukları yönündeki düşüncelerdir.

Örneğin; "Herkes evliliğinde mutluyken ben niye sağlıklı bir ilişkiye sahip değilim?"

Diğer insanların, kendisi dışındaki tüm dünyanın problemsiz yaşadığını düşünmek ve bu şekilde kendine karşı acımasız davranmak, içinde bir tutam mazoşizm barındır çünkü özsevgi eksikliğinin mutlaka derin sebepleri vardır. Öte yandan bu kadar yüksek boşanma oranları varken, "Benim başıma asla gelmez!" düşüncesi de yine algıda meydana gelen en büyük yanılgılardan biridir. İnsanların en büyük yanılgısı, kendisi dışındaki bireylerin yaşamlarını gözünde çok büyütmesi ya da tamamen kendinden küçük görmesidir.

Diğer insanlar ne bizim düşündüğümüz kadar mutlu ve kusursuz ne de bizden aşağıda ve mutsuzdur çünkü her hayat, kendi içinde milyonlarca gizem barındırır...

11

EINSTEIN NEDEN HAKLIYDI?

Bana kalırsa Einstein sadece bilim dünyasında değil, ilişkilerde de büyük bir devrim yarattı. Neden derseniz, size bu durumu kısaca açıklamama izin verin.

Görelilik (izafiyet) kuramı günümüzde ilişkilerin temelini oluşturmaktadır. Einstein bu kuramı şöyle açıklar: "Zaman tamamen görecelidir, zira güzel bir kadınla akşam yemeğinde vakit su gibi akar gider; oysa aynı süreyi sizi sıkan biriyle geçirirseniz saatler geçmek bilmez..." Bu durum insan ilişkilerinde yaşadığımız duyguları açıklamaktadır.

İşim gereği çoğunlukla ayrılık olaylarında çalışırım, ayrılık sonrası eski sevgiliyi geri kazanmak ve buna benzer talepler karşıma çıkar ve seanslarda dikkat ettiğim ilk konu şudur: "Danışanımı ilişkisinde güvenli bir konuma nasıl getirebilirim?"

Eski sevgiliye dönmek onun için gerçekten de güvenli midir? Örneğin ilişkisinde sürekli kötü davranışlara maruz kalmış bir insanı öncelikle uyarmamız gerekir; bu olayları yeniden yaşaması olasıdır ve genellikle bu ihtimal onun umurunda bile değildir çünkü tamamen duygularına teslim olmuştur.

Bazen konu sadece duyguları değildir çünkü hırsla hareket etmektedir. Bu ilişkinin bitmiş olması ve o adamın/kadının artık başka biriyle olma ihtimali onu adeta deli etmektedir, bunu asla kabullenemez.

Oysa derinlemesine analiz ettiğimizde bu ilişkinin bitmesi belki de onun başına gelebilecek en iyi olaydır.

Şöyle bir örnek verelim: Evliliğe giden bir süreçte nikahtan beş hafta önce nişanlısı tarafından yok yere terk edilmiş bir kadın ciddi acılar çeker ve bu durumu kabullenemez, yüreğinde adeta büyük bir yıkım yaşamaktadır. Öte yandan, evlenmiş olması halinde bir süre sonra boşanması olasıdır ve çekişmeli boşanma süreçleri oldukça uzun sürmektedir, en az üç dört sene mahkemelerde vakit geçirmek zorunda kalacaktır. Nişanlılık süresince sürekli kavga halinde olduklarını ve nişanlısının farklı bir yüzünü görmeye başladığını, aslında bu adamın daha önce tanımadığı bir adam olduğunu ve adamın ailesinin onu asla kabul etmeyip bu evliliğe onay vermediklerini ifade etmiştir.

Bu durumda evlilik yoluna girmeden ve dolayısıyla muhtemel bir erken boşanma sürecinden kurtulmuş olmasına rağmen bu ayrılık onu neden hâlâ üzmektedir?

Yaşadığınız ilişkilerde her şey nereden baktığınıza bağlıdır. Başınıza gelen olaylar sizi aslında büyük bir beladan kurtarıyor olabilir. Seneler sonra, "İyi ki o insandan ayrılmışım çünkü mantıklı düşündüğüm zaman biliyorum ki asla mutlu olamazdık," diyen insanlar tanıdım. Yaşadığımız olaylara geniş bir açıdan bakmak iyidir.

12

SADECE SENİN BAŞINA GELMİYOR

Bu kitapta ilişkilerde doğru bilinen yanlışlardan söz etmişken, "Neden benim karşıma hep yanlış insanlar çıkıyor?" veya "Neden tüm terslikler beni buluyor?" gibi tepkilerin ne kadar gerçek dışı olduğunu vurgulamakta fayda var. Kendini bu olumsuz önermelere kaptıran ve ilişkilere negatif bir pencereden bakmayı adeta bir alışkanlık haline getirmiş insanların en büyük yanılgısı, hayatın tüm olumsuz insanları onlara gönderecek kadar adaletsiz olduğunu yönündeki görüşleridir.

Oysa hayat o kadar da adaletsiz değildir.

İlişkisinde mutlu olan ya da sağlam bir evlilik yapmış birçok insan tanıdım ve onların ortak özellikleri üzerine kafa yordum, çalışmalar yaptım. Bir de baktım ki; evet, bu insanların bazı ortak özellikleri var ancak bir tanesi hiç değişmiyor: ***Deneyimliler***.

Hayatında kendisini mutlu edecek bir erkek bulmuş ve onunla son derece uyumlu bir ilişkiye yelken açmış kadınlar tanıdım ve onların daha öncesinde çok kötü ilişki deneyimleri olduğunu, aldatılmış veya terk edilmiş olduklarını ve fakat tüm bu deneyimlerden önemli dersler aldıklarını analiz ettim.

Hayat dersine dönüştürdüğünüz her deneyim aslına bakarsanız büyük birer kazançtır ve bunu parayla satın alamazsınız. Dolayısıyla sağlıklı ilişkiler yaşayan insanların geçmişinde adeta binaları oluşturan tuğlalar gibi görünmez deneyimler var, nice acılar ve gözyaşları var ancak en azından bunları yaşadıktan sonra "ne istemediklerini" anlıyorlar ve seçimlerini buna göre yapmaya başlıyorlar.

"Sadece benim başıma geliyor" miti kesinlikle doğruyu yansıtmıyor. Öte yandan, "Ben ders alamıyorum," düşüncesi doğru olabilir. Bu noktadan bakacak olursak, bana enteresan gelen, bir kadının ilişkilerinde kötü adamlarla, yani *sırtlanlarla* karşılaşması değildir çünkü sırtlanlar her yerde karşısına çıkabilir.

Bana asıl enteresan gelen nokta, bir kadının aynı sorunları defalarca yaşamasına rağmen hâlâ aynı tip adamlarla ilişki denemelerine devam etmesidir. Bu durumda yaşadığı deneyimlerden ders almamış olacaktır ve dolayısıyla yaşadığı deneyimlerin hiçbir anlamı yoktur.

Sürekli yerinde sayan bir insanın patinaj yapan bir arabadan farkı yoktur.

Bu döngüden kurtulmak içinse, en başta belirttiğimiz gibi; bir insanın, ilişkide ne istediğini ve hangi duygunun peşinde olduğunu tam olarak bilmesi gerekir: Bir alfa mı istiyorsun yoksa bir sırtlan mı? Bazı kadınlar alfayla ilişki kurmak istemez; bunun sebeplerini size detaylı olarak anlatacağım.

Peki nedir bu "sırtlan erkek" kavramı? Şimdi ona bir göz atalım...

13

"SIRTLAN ERKEK" KAVRAMININ ANLAMI

"Sırtlan erkek" kavramını bu satırları yazmadan yaklaşık üç sene önce ortaya attım. İlk başlarda Youtube videolarımda bahsettiğim bu erkek, zamanla halk arasında yayıldı ve çok sayıda insan tarafından günlük ilişkilerde bile kullanılmaya başladı. Bunun sebebi zannediyorum ki şudur: "Sırtlan erkek" tanımı ilişkilerde büyük bir boşluğu doldurdu ve bir olayı anlatırken kullanıldığında karşı tarafın mesajı tam olarak almasını sağladı.

"Sırtlan erkek", bir kadınla tanıştığı zaman ilk birkaç hafta (genellikle ilk yirmi bir gün, yani üç hafta süresince) insanüstü ilgi gösterip kadının aklını başından alan, hatta evlilikten bahseden ve tanışmanın hemen sonrasında, "Seni annemle tanıştırmak istiyorum," gibi vaatlerde bulunarak kadının gözlerini kamaştıran erkekleri ifade etmek için tarafımca üç yıl önce ortaya atıldı. Bunun yapmamın sebebi ise, bireysel seanslarda kadınların yıllardır bana bu tip erkekleri anlatmalarıydı.

Bu erkek sınıfına bir isim bulmalıydım; ama nasıl bir isim?

Hobi olarak sürekli belgesel izlediğim için üç sene önce bir gece yarısı televizyonda gördüğüm bir belgeselde ***aslanların av esnasında seçici olduklarını*** duydum ve zihnimde bir ampul yanıverdi. Bunu duyduğumda taşlar aniden yerine oturdu çünkü devam eden cümlede şöyle diyordu: ***Oysa sırtlanlar hiçbir şekilde seçici davranmazlar ve önlerinden geçen her hayvana saldırırlar.***

Erkekler âlemi işte böyledir; bazı erkekler hayatlarına alacakları kadın konusunda ciddi anlamda seçici davranır çünkü bir duyguyu paylaşmak ister. Bu adamlardan detaylı bir şekilde bahsedeceğim.

Öte yandan sırtlanlar için herhangi bir kıstas yoktur, "Nefes alsın yeter" düşüncesiyle hareket ettikleri için günü kurtarma peşindedirler. Bir kadınla tanıştıkları zaman kadının ne iş yaptığı, ilişkiden ne beklediği veya buna benzer konular bir sırtlan için tamamen anlamsızdır; tek amacı, o kadını yatağa atmak ve ardından yeni hedeflerine doğru uzaklaşmaktır.

"Sırtlan erkek" sayı peşindedir, sürekli hanesine yeni rakamlar eklemeye çalışır, erkekler arasında bu durum "skor yapmak" olarak adlandırılır. Bu rakamın nasıl kadınlardan oluştuğu veya o kadınlarla kaç defa görüşüldüğü asla önemli değildir; sadece cinsellik ve çoğunlukla da tek taraflı cinsellik söz konusu olacaktır çünkü "sırtlan erkek" mağduru kadınlarla yaptığım seanslarda şunu gördüm: Yatakta kadını tatmin etmek gibi bir dertleri de yoktur; sadece kendi işlerini görüp ortadan kaybolan canlılardan bahsediyoruz.

Peki bu sırtlanlar kadınları kandırma konusunda nasıl başarılı oluyorlar?

14

KADINLARIN EN BÜYÜK ZAAFI NEDİR?

Eğer samimi olarak söylemem gerekirse; benim hayatım kadınlarla geçti. Her zaman onlarla çalıştım, gerek iş hayatımda gerekse özel hayatımda yakın oldum ve binlerce kadınla seans yapma şansım oldu. "Uzmanlık alanın nedir," diye soracak olursanız, benim uzmanlık alanım kadınlar.

Otuz sekiz yıldır kadınlarla iç içe olmama rağmen hâlâ beni şaşırtan olaylarla karşılaşıyorum. Bunun sebebi, erkek beyniyle kadınları tam olarak algılamanın imkansız olmasıdır çünkü onları asla bütünüyle anlayamayız. Bir miktar anlamak bile bence büyük bir aşamadır. Kadın beyni bizim beynimizden tamamen farklı çalışıyor ve kadınları yakından gözlemleme şansı olmamış sıradan bir erkek, kız arkadaşının kendisine verdiği bazı tepkileri anlamayıp büyük bir şaşkınlık yaşamaktadır.

Bir erkeğin kadınları tam olarak anlamasını asla beklemeyin. Bu nedenle kadınlar, "Beni anlamasını istiyorum," dediklerinde onlara aynı cevabı veririm: "Sizi tam olarak anlaması imkansızdır ama belirli ölçülerde anlamasını sağlayabiliriz."

Oysa ne kadar enteresandır ki "sırtlan erkek" dediğimiz sınıf, kadınlarla ilgili **en önemli bilgiyi** çok iyi anlamıştır ve her zaman buradan yaklaşırlar. Belgesellerde gördüğümüz sırtlanların geyiklerdeki en büyük zaafı anlamış olmaları gibi.

"Sırtlan erkek", bir partide kafede ya da plajda, nerede olursa olsun, bir kadınla tanıştığı zaman ona muazzam bir ilgiyle yaklaşır. O kadın daha önce ne annesinden, ne babasından ne de tanıştığı herhangi bir kişiden böyle bir ilgi görmüştür.

Peki bunun kadın üzerindeki etkisi nedir? Lütfen siz cevaplayın...

Atom bombası tarzında bir etki yaratır ve kadın kendini o erkeğe yakın hissetmeye başlar çünkü aklı başında her erkeğin bildiği gibi, kadınların en büyük zaafı ilgidir. Bir kadına ilgi gösterdiğiniz zaman onu etki altına almanız birkaç gün ya da en fazla birkaç hafta sürecektir, elbette istisnalar kaideyi bozmaz; yani bazı kadınlar için ilişkide ilgi gösterilmesi diğer kadınlar kadar önemli değildir ancak itiraf etmeliyim ki, "Ben ilgi sevmem," diyen bir kadınla henüz tanışmadım. "Sırtlan erkek" işte bu zaafı çok iyi bildiği için kadına sadece ilgi göstererek ve bunu binlerce yalan üzerine kurarak hedefine ulaşır.

Emin olun, sırtlanların ilgi göstermek dışında hiçbir özellikleri yoktur. Muazzam başarılı göz boyama taktikleriyle duygusal boşlukta olan kadına yaklaşır ve ona kendini prenses gibi hissettirme konusunda Picasso'yu bile kıskandıracak bir tablo çizer.

15

SIRTLANLAR HER ZAMAN BAŞARILI OLMAYA DEVAM EDECEKLER

Sizinle paylaşmak istediğim bir anekdot var; sayfalarca yazmak yerine bu örneği aktarmak başlıktaki düşüncemin nedenini ortaya koyacaktır.

Seneler önce bir seansta kıymetli bir kadın danışanımla çalışıyordum. İlişkisinde bazı ufak tefek sorunlar vardı ancak kendisinin bu sorunlara verdiği abartılı tepkileri garipsediğim için daha derin bir analiz yapmaya karar verdim. Kolaylıkla çözülebilecek sorunları büyütüyor ve birlikte olduğu adamı muazzam derecede eleştiriyordu. Bu durumda adama farklı bir nedenle öfkeli olduğunu anladım ancak muhtemelen bu nedeni henüz benimle paylaşmak istemiyordu.

Çözülebilecek ufak tefek sorunlar derken şunu kastediyorum: Örneğin seyahate gidilecek lokasyonda adam farklı bir yere gitmek istiyor ama sonrasında kadının isteği üzerine onun söylediği yere gitmeyi bile kabul ediyordu. Yani adamın uyumsuz bir tavrı yoktu. Benim seanslarda karşılaştığım, kadınlara ilişkide adeta kan kusturan adamlara bakacak olursak, danışanım gayet uyumlu bir adamla birlikteydi, dolayısıyla bunu ona kibar bir dille anlatmaya çalıştım. İşte tam bu esnada ağzından kaçırdı:

"Adil Bey, asıl mesele biraz farklı..."

"Nasıl farklı?"

"Evet, onun iyi bir adam olduğunu görüyorum, bana sahip çıkıyor ve değer veriyor ancak ben mutlu değilim çünkü bir şeyler eksik..."

Detaylı konuştuğumuzda aslında yeterince ilgi göremediğini ve bu durumun onu mutsuz ettiğini belirtti; oysa adam görüşemedikleri günlerde mutlaka arıyor, onun sesini duymak istiyor ve gününün nasıl geçtiğini soruyordu ama bunlar danışanımı kesinlikle tatmin etmiyordu. Onun istediği, birlikte olduğu erkeğin günde en az beş altı defa araması ve sürekli üstüne düşmesiydi. Bunu tespit etmek bizim için önemliydi çünkü bu şekilde bir ilişkiden ne istediğini en başta kendine, sonra da bana açıkça itiraf etmiş oldu.

Kitaba başlarken belirttiğim gibi, şu sorunun yanıtı önemlidir: **"Bir ilişkiden ne istiyorsun?"**

Sonrasında danışanımın söylediklerini hiç unutmadım:

"Adil Bey, günümüzde kaliteli ve karakterli bir erkek bulmanın ne kadar zor olduğunu biliyorum ancak ne kalitesi, ne adamlığı ne de bana karşı hissettikleri beni ilgilendiriyor. Ben bunu anladım. Beni ilgilendiren tek şey, sabah akşam beni sürekli araması ve mesaj atması, isterse sırtlan olsun ama bana deliler gibi ilgi göstersin!"

16

NE İSTEDİĞİNİ BİLMENİN DAYANILMAZ HAFİFLİĞİ

Bazen çarpıcı bir örnek her şeyi bir kalemde anlatmak için yeterlidir; işte yukarıdaki örnek de bazı kadınların ilişkideki ilgi ihtiyacı konusunda her zaman aklımda kalan örneklerden biridir. Burada bahsettiğim örnekteki kadının balık burcu olması sebebiyle sürekli daha fazla ilgi istemesi ve hatta bu ilgiyi göremediği zaman alıngan davranması normal karşılanabilir; elbette tüm kadınların ilişkideki önceliği ilgi değildir ama dediğim gibi, "Ben ilgiden hoşlan mam," diyen bir kadınla hiç karşılaşmadım.

"Bir ilişkiden öncelikli olarak beklentin nedir?" Bu soruya verilecek cevap, insanın kendi önceliklerini analiz etmesi için muazzam derecede önemlidir. Bu çalışmayı tahtada yazarak yaparız.

Şöyle bir çalışma yapmanızı öneririm:

Bembeyaz bir A4 kağıdı yukarıdan aşağıya ikiye bölün ve sol tarafa başlık olarak "**ÖNCELİKLİ KRİTERLERİM**" yazın. Sağ tarafa ise "**ÖNCELİKLİ ENDİŞELERİM**" başlığı atın. Tahmin edeceğiniz gibi, sol tarafa bir erkekte aradığınız kriterleri önem sırasıyla yazmalısınız. Örneğin, ilk sıraya cömertlik (önceki ilişkilerinde hesap ödemeyen ve cüzdanını arabada unutan erkeklerle karşılaşan kadınlar için geçerlidir) ikinci sıraya ilgi, üçüncü sıraya sahiplenme... vb.

Sağ tarafa ise tanıştığınız bir erkekte size daha ilk anda itici gelen özellikleri yazmalısınız: birinci sıraya kaba davranışlar, ikinci sıraya argo konuşması, üçüncü sıraya düşüncesiz tavırlar... vb.

Bu maddeler istediğiniz kadar olabilir. Ben yaptığım çalışmalarda sadece beşer madde yazan danışanlar gördüğüm gibi yirmi maddeye kadar çıkan danışanlar da gördüm. Önemli olan, sizin için gerçekten önemli tüm kriterleri kağıda dökmenizdir. İşin enteresan yanı, bu çalışmayı yaparken birçok danışanın, "Hiç aklıma gelmezdi ama sanırım şundan da nefret ediyorum," diyerek kendi kıstaslarının farkına varmasıdır.

Sonrasında yeni tanıştığınız insanları gözlemleyip bu tablodaki özelliklere bakarak ilişkide yolunuza devam etmenizi öneririm; eğer kendi ellerinizle yazdığınız olumsuz özelliklere sahip bir insanı kendi hayatınızdan uzaklaştırmayı beceremiyorsanız, bu durumda hayatınızın kontrolü sizde değildir.

Peki kontrol sizde değilse, o zaman kimde olabilir?

17

GERÇEKLER ACITIR AMA İŞE YARAR

Ne demiştik? İlişkilerde en zor duygu yüzleşmektir.

Aslında birçok insanı ilişkiden ne istediği konusunda kendisine yalan söylemektedir; bunun sebebi toplumsal tabular ve yerleşik korkulardır. Bu durum coğrafyalara göre farklılık gösterir; örneğin İtalya'da yirmi sekiz veya otuz yaşlarındaki bir kadın üzerinde evlilik baskısı görmek zordur; dolayısıyla evliliğe doğru giderken onun isteği bir an önce evlenmek ve kendi üzerindeki evlilik baskısından kurtulmak değildir.

Onun tek isteği, en başta ten uyumu olmak üzere her konuda kendisine uyumlu olabilen bir erkek bulup hayatını onunla birleştirmektir. Kıstasları gayet net ve açıktır ve bu konuda açıkça konuşmaktan çekinmezler.

Oysa bizim toplumumuzda cinsellik, bir tabu olması nedeniyle rahatlıkla konuşulamaz ve ten uyumu konusu da öncelikli değildir. Otuz yaşlarına gelmiş bir kadının omuzlarında Avrupa'daki herhangi bir kadına göre çok daha fazla evlilik baskısı olduğu için sadece bu baskıdan kurtulmak amacıyla evlenen çok sayıda kadın var.

"Bu adamla uyumlu olduğunu düşünüyor musun?"

"Hayır, uyumlu değiliz ancak annem ve teyzem sürekli evlilik konusunu açıyorlar. Artık sıkılmaya başladım ve bu durumdan kurtulmak istiyorum."

Kadın danışanlarımla aramızda bu diyaloğun kaç defa geçtiğini inanın bilmiyorum ve sanki daha önce hiç duymamışım gibi bu acı gerçekleri her duyduğumda şaşırmaya devam ediyorum; bana garip geliyor.

İnsan, kendi hayatının kontrolünü eline almak zorunda olan bir varlıktır ve başkalarının baskısıyla hareket etmek, onun bireysel yolculuğuna büyük zarar verir. Ne gariptir ki, kendisine "evlen" diye baskı yapanlar, evleneceği insanın nasıl özelliklere sahip olduğuna veya onları nasıl bir geleceğin beklediğine bakmadan, sadece etraftan laf söz olmasın diye bir an önce evlenmesini isterler.

Dolayısıyla diyelim ki bir ilişkiden ne istediğinizi

belirlediniz; bu durumda, bu isteğin tamamen size ait olduğundan ve dışarıdan kimsenin etkisinin bulunmadığından emin olmalısınız çünkü boşanma sürecinde bana başvuran danışanlarımdan şunu defalarca duydum:

"Aslında ben bu evliliğin başarısız olacağını en başından biliyordum çünkü kendi isteğimle yaptığım bir evlilik değildi."

"Nasıl yani?"

"Ben bu adamla hiçbir ortak özelliğimiz olmadığını fark etmiştim ancak aile baskısıyla evlendim ve ailemin evinden bir an önce ayrılmak istedim. Hepsi bu..."

18

İLİŞKİLERDE KÜLTÜR FARKI SORUN YARATIR MI?

Bana her zaman gelen bir sorudur: "Ben bir adamdan çok hoşlanıyorum ve onunla evlenmek istiyorum ancak kültürel anlamda hiçbir şekilde uyuşamıyoruz, sizce yine de mutlu olabilir miyiz?"

İlişkilerde kültür farkı ÇOK BÜYÜK BİR SORUNDUR. NOKTA.

"Aralarında kültür farkı olan insanlar mutlu olamazlar," diyemeyiz. Daha açıklayıcı olması bakımından bu duruma bir örnek vermek isterim: Bugün hava tahmini konusunda teknolojik olanaklar çok ilerledi ve neredeyse on beş gün öncesinden hangi gün ve saat kaçta yağmur yağacağına kadar bilgi alabiliyoruz.

Ayrıca ne kadar yağmur yağacak, sağanak mı yoksa sadece çiseliyor mu; hepsini öğrenip günlük programı ona göre yapabiliriz. Tüm bu olanaklara rağmen yine de bazen güneşli görünen bir günde aniden hiç beklenmedik yağmur yağar ama bu istisnai durum hava tahminlerinin genel anlamda doğru olduğu gerçeğini değiştirmez.

Eğer bir konuda, "Hiç farklı örneği yok mudur," derseniz istisnalar her zaman olacaktır ama bizim bu kitaptaki konumuz istisnalar değil; sadece gözle görülen ve yaşanmış gerçeklerden bahsediyoruz.

Aynı şekilde, aralarında ciddi anlamda kültür farkı olan iki insan normal şartlar altında uzun vadeli bir ilişkide mutlu olamazlar çünkü zamanla kültür farkı ortaya çıkacak ve çeşitli koşullar altında sorunlar çıkmaya başlayacaktır. Bir defa bu insanların sorunlara yaklaşımı farklıdır; hayata bakış açıları ve verdikleri tepkiler bile farklıdır. Ayrıca aileden aldıkları eğitim ve gelenekleri de farklı olduğunda, bu insanlar hangi ortak paydada buluşabilirler?

Neredeyse imkansızdır...

Fakat öyle bir durum olur ki, taraflar aralarındaki farkları tamamen alttan alıp mükemmel bir iletişim kapasitesiyle davranırlar ve bunun da ötesinde, farklı kültürel yapıya sahip olan ailelerini de evliliklerine karıştırmazlar. Aslında bu çok nadir bir durumdur.

Ailelerin evliliğe karışmaması Türkiye'de ne kadar mümkündür?

Milyonda bir desek haksızlık etmiş olur muyuz? Çok istisnai bir durumdan bahsediyoruz.

Ne eğitimi ne de gelenekleri size uyan bir insan belki sizi duygusal anlamda kendine çekebilir ve bir süre aranızdaki kimyanın etkisiyle ona bağlanırsınız, mantık devre dışı kalır çünkü **AŞK** böyle bir şeydir. Bu süreçte onunla aranızdaki farklar umurunuzda bile değildir; hatta size öyle gelir ki, onunla her konuda benzer ve aynı fikirde olduğunuzu düşünmeye başlarsınız.

AŞK, farklılıkları değil; benzerlikleri gösterir ve sizi kandırmaya başlar. Nedir bu AŞK?

19

AŞK BİR SUDUR, İÇ İÇ KUDUR

İlkokulda böyle söylerdik, amacımız sadece dalga geçmekti çünkü ileride aşkın hayatımızda ne kadar büyük etkileri olacağını henüz bilmiyorduk. Oysa kızlar bize göre aşk kavramını çok daha fazla ciddiye alıyorlardı ve biz dalga geçtikçe onlar, "Siz ne anlarsınız!" diye tepki gösterirlerdi.

Düşünsenize, bazen bu sahneyi filmlerde görürsünüz.

İki kadın konuşurken biri, diğerine, "Âşık mı oldun kızım," derken gözlerinin içi parlar ve sanki kendisi âşık olmuş gibi heyecanla o duyguya girer. Öte yandan, iki erkek arasındaki konuşmada biri diğerine adeta dalga geçer gibi sorar: "Ne oldu oğlum, yoksa âşık mı oldun?" Ve sonra gülmeye başlar.

Şu bir gerçek ki, aşk duygusunun erkekteki ve kadındaki yansımaları birbirinden tamamen farklıdır. Erkeklerin daha ilk bakışta âşık olmaları bazen görülen bir durum olmakla birlikte kadınlarda olduğu kadar sık değildir. Kadınlar duygu üretme konusunda erkeklere göre çok daha hızlı davranırlar ve kısa sürede beklentiye girebilirler çünkü aniden o kadar yüksek bir duygu eşiğine ulaşırlar ki erkeğin bu konuda hissiz davranması veya aynı duyguyu hissetmiyor olması bir kadın için **ASLA KABUL EDİLEMEZ** bir durumdur.

Oysa bir erkek için kadınla aynı sürede aynı duygusal hız sınırına ulaşmak neredeyse imkansızdır. İşte bu sebeple kadınlar, erkekler için, "Bunlar sevmeyi bilmiyor," der çünkü erkeğin sevme fonksiyonlarının farklı şekilde çalıştığını görmezler. Erkek genelde zaman içerisinde bağlanan ve kadındaki doğru adımları gördükçe kendini aşk duygusuna kaptıran bir canlı türü olarak aslında görsel bir varlıktır ve ilk başta kadının görüntüsüne bakar. Beğendiği kadına yaklaşırken o anda aşkı düşünmez; "Bu kadın benimle ne kadar uyumlu olabilir," diye düşünür ve o kadını tanıyıp birlikte anı biriktirdikçe ona âşık olmaya başlar.

Oysa kadın işitsel bir varlıktır ve erkeğin ilgisi, güzel yaklaşımları ve sözleriyle kendini daha ilk etapta aşkın derin sularına bırakabilir.

Aşk, o insanı aslında olmadığı şekilde hayal edip hayal edilen versiyonuna bağlanmaktır. Ne zaman ki hayal ettiğiniz versiyonun aslında sadece bir hayal olduğunu fark edersiniz, işte o anda sis perdesi dağılır ve önce ruhen, sonra da bedenen o insandan uzaklaşmaya başlarsınız; tabii aşkın yerine farklı duygular koyamadığınız durumda işler böyle gerçekleşir.

Kimi insanlar aşkın yerine bağlılık, ten uyumu ve mizah uyumu gibi farklı duygular koyarak ilişkilerini keyifle sürdürmeyi bilir ancak bunu yapabilen insanların sayısı fazla değildir. Bunun nedeninin, âşık oldukları insana en başta hissettikleri yoğun adrenalin duygusunu yitirdikçe yaşadıkları büyük hayal kırıklığı olduğu söylenebilir. Oysa hiçbir ilişki, aynı adrenalin seviyesinde devam edemez.

Çünkü ilişkiler de hayatın yansımasından başka bir şey değildir. Sörf gibi düşünün: Bazen yükselir, bazen de dibe dalarsınız....

20

BİZ KAVGA ETMEYİ SEVİYORUZ

Ne dedik? Bir ilişkide adrenalin seviyesi her zaman azalır. Eğer ilişkinin başlarında sizi deliye döndüren yüksek dozda adrenalin yerine farklı duygular koyamazsanız önce o insandan uzaklaşır, sonra da ayrılırsınız. Dünya tarihinde milyarlarca insan bunu yaşadı, dolayısıyla sizin de başınıza gelmesi muhtemeldir.

Bazı ayrılıkları özetleyen acı bir söz vardır: "**Biz olamadık**..."Bu durumda şunu söyleyebiliriz: "**Kim olabildi ki?**"

Öte yandan bazı çiftler adrenalin yerine farklı duygular koymak yerine *daha yaratıcı* yöntemler bulur; örneğin sürekli kavga halinde olmak onları canlı tutar.

Bu konuda şaka yapmıyorum. Böyle örneklerle yüzlerce kez karşılaştım. Neticede bu yöntem amaca hizmet etmektedir, yani aralarındaki heyecanı korur; mesela sürekli ayrılıp barışan çiftler bu duruma iyi bir örnektir.

Biz bu tür ilişkileri **ON-OFF İlişki** diye adlandırırız çünkü elektrik düğmesi gibi bir açıp bir kapatırlar ve bunu yapmaktan asla yorulmazlar. Ne kadar kavga etseler de birbirlerinden soğumadıklarını ve hatta bu kavgalarda söylenen tamamen saygısız ve kötü sözlere rağmen aralarındaki aşkın gittikçe güçlendiğini iddia ederler.

Bu saplantılı ruh halini aşk olarak tanımlayıp kendileri de buna inanırlar. Ben buna aşk demiyorum.

Buna daha farklı bir örnek verebiliriz. Aslına bakarsanız bu tip saplantılı ilişkiler raf ömrü sona ermiş tulum peynirini, kokmasına ve tüm evi kokutmasına rağmen mutfakta tutmaya benziyor. Saplantılı şekilde tulum peyniri yiyen bir insan bunu yapabilir ancak ağzına bir dilim attığı anda zehirlenecektir. İşte bu tip kavgalı ilişkiler de aslında artık tat vermez ancak zararlı hale gelmiş adrenalin duygusuna bağımlı oldukları için her şeyin bittiğini kabul edemezler.

Bu durum, aşk kavramının tam olarak anlaşılamamasından kaynaklanıyor çünkü aşk öyle bir duygudur ki o insanla ilişkinizi tadında bırakmak ve artık anlaşamadığınız noktada bitirmek, o insana zamanında duyduğunuz aşkı korumanın en güzel yoludur.

"Ne yani, her şeyin bitmesine izin mi vereyim," ***diyen papatya seslerini duyuyorum.***

İlişkiyi yaşatmak için bir süre kalp masajı yaparsınız ancak yine de nefes almıyorsa onu kaybettiğinizi kabullenirsiniz. Üzücü olabilir ancak hayat sadece güzel anlardan ibaret değildir.

Kabullenmek de aşka dair bir duygudur; aranızdaki duygunun bitmesi, bir zamanlar o duygunun sizde yarattığı etkiyi ortadan kaldırmaz. O duyguyu ait olduğu geçmişte bırakıp yolunuza devam edersiniz, hepsi bu.

Ayrılık sonrası acı da aşka dair bir duygudur. Bu acıyı yüklenip o insanla yaşadığınız anılara saygı gösterirsiniz çünkü ayrılmış olsanız da o anılar sizin yaşamınızın birer parçası olmuştur. Tıpkı seneler öncesinde yediğiniz lezzetli bir akşam yemeğinin damakta bıraktığı eşsiz tat gibi...

21

KABULLENDİM, ÖYLEYSE VARIM

Narcos dizisinde Cali Karteli anlatılırken akıllarda kalan bir sahne vardır. Olgunluk konusunda erkek karakterlerden biri şöyle der: "Olgunluk nedir biliyor musun? Hoşuna gitmeyen şeyleri de kabullenmektir..."

Olgunluk üzerine benim aklımda kalan yegane tanım budur çünkü bir ilişkide sonuna kadar mücadele etmenize ve elinizden geleni yapmanıza rağmen olmuyorsa burada kabullenme durumu devreye girmelidir; işte bu çizgi aşıldığı anda saplantı olarak adlandırmaya başlarız.

İlişkiyi veya evliliği kurtarmak için taktikler üretir ve ayrılığı önlemek için elimden geleni yaparım çünkü amacımız bitirmek değil, sürdürmektir fakat kimi zaman ne yaparsanız yapın olmaz. İşte bu durumda bir insanın ne kadar olgun olduğu ve hayatında daha öncesinde neler yaşadığı ortaya çıkar.

Olgunluk sürecinde en şanssız olanlar, belli bir yaşa kadar hayatında her şeyi elde etmiş ve hiç sorun yaşamamış olanlardır çünkü sonrasında yaşanan ayrılığı/boşanmayı adeta yenilgi olarak görürler. Oysa uğruna mücadele edilmiş bir ilişkide ayrılık asla bir yenilgi değildir, bir sonuçtur ve anlatmak istediği şeyler vardır.

Karşınızdaki insanın artık sizinle olmak istememesi, sizin yetersiz olduğunuz ya da onun beğeneceği kadar çekici bir insan olmadığınız anlamına gelmez.

Şunu gözden kaçırmayalım: İki insanın uyumlu bir ilişki yaşaması başlı başına nadir bir olaydır. Dolayısıyla bunu yakalayabilen insan sayısı oldukça azdır; birçok koşulun bir araya gelmesi ve kainatta iki insan arasında tam bir uyumun nadiren yakalanması sonucunda bunu başarırlar.

Bunun başınıza gelme ihtimali, gelmeme ihtimaline göre çok daha azdır.

Bir şeyler yolunda gitmediğinde karşınızdaki insanın, sizden tamamen bağımsız bir şekilde, geçmişinden ve çocukluğundan getirdiği duyguların bu ayrılıkta etkili olabileceğini asla unutmayınız.

Yaşadığım bir olayı aktarayım: Marmara Üniversitesinde okuduğum yıllarda bir kızla güzel bir iletişim yakalamıştım ve aramızda garip bir kimya vardı. Kıza gittikçe bağlandım ve onunla aramızdaki duyguyu güzel bir ilişkiye dönüştürmek istedim fakat istediğim net yanıtı ondan bir türlü alamıyordum, beni oyalıyordu ve bunun farkındaydım ama bana "hayır" demiyor ve beni bir şekilde ilişkinin içinde tutuyordu. Bu durum sanırım üç dört ay kadar devam etti ve ben o kızla aramızdaki belirsiz durumun bu kadar uzun sürmesine şaşırdım çünkü daha önce birinin peşinden bu kadar koşmamıştım. "Teklifte bulunduğum her kız beni kabul ediyordu," demiyorum ama yanıt negatif bile olsa en başından söyledikleri için her şey netleşiyordu. Neyse, birkaç aylık sürecin sonunda artık anlamak istiyordum: "**Bu kız bana karşı bir şeyler hissediyor mu?**" Bugün düşündüğüm zaman komik geliyor ancak o günlerde gerçekten kafamı karıştırmıştı. Sonunda dayanamadım ve, "Artık beni oyalama," dediğimde bana asla unutamayacağım bir yanıt verdi: "**Ben aslında renkli gözlü erkeklerden hoşlanmıyorum**."

Beni beğenmediğini ve bu sebeple ilişkiye mesafeli olduğunu düşünüyordum ama işte bu söylediği ihtimal açıkçası hiç aklıma gelmemişti. Kızın farklı bir zevki olduğunu kabullendim ve yoluma devam ettim. Genç yaşlarda olgunlaşmak iyidir...

22

EX'TEN NEXT OLUR MU?

Ben inanıyorum ki bundan yüzyıllar sonra bile, insanoğlu yeryüzündeki varlığını sürdürdükçe bu soru gündemdeki yerini koruyacaktır çünkü bazı şeylerin modası asla geçmez.

Bu soru bana her zaman gelir ve aslına bakarsanız bu soruya verdiğim cevap duruma göre değişir çünkü her ilişkiyi kendi özel şartları içerisinde değerlendirmek gerekir. "Asla ex'ten next olmaz," diyemem çünkü eski sevgilisini döndürüp yeniden mutlu olmasını sağladığım çok sayıda kadın danışanım oldu. "Nasıl yaptın," derseniz bazı taktiklerle eski sevgiliyi geri kazanırken ilişki esnasında yaşadıkları her detayı analiz ettim ve birlikte olduğu adamın karakter özelliklerini ortaya çıkardım. Bunu yaptıktan sonra stratejiyi oluşturmak mümkündür.

Örneğin:

İlişkiniz nasıl bitti? Bir ilişki milyonlarca farklı şekilde bitebilir. Önemli olan, ayrılık aşamasında taraflar arasında saygısızlık olmaması ve bitiş aşamasında bile belli bir seviyenin korunmasıdır. İlk olarak buna bakarım; eğer saygısızlık yoksa elbette yeniden ilişki yaşayabilirler.

İlişki neden bitti? Dikkat ederseniz; ilk sorum, "Neden bitti?" değil çünkü ilişkinin nasıl bittiği daha önemlidir; yeter ki saygısız hitaplar, sözler ya da davranışlar olmasın. Bu durumu şuna benzetirim: Eğer bir masadan kalkarken mideniz bulanıyorsa oraya tekrar oturmak istemezsiniz, gerekirse aç kalmayı tercih eder ancak yine de aynı masaya oturmazsınız. İşte insan böyle bir varlıktır, mide bulantısı her şeyden ağır basar ve onun yerini alabilecek hiçbir duygu yoktur. Mide bulantısı olmadığı sürece, ilişkinin neden bittiği sorusu ilk soru kadar önemli değildir.

Neden bittiğine yönelik cevap üçüncü kişilerle ilgili olabilir. "Ben bir başkasına aşık olduğumu sanmıştım ama bu duygunun gerçek olmadığını anladım ve eski sevgilime geri dönmek istiyorum," diyebilir ya da, "Annem ve babam sevgilimi istemedi ve ayrılmak zorunda kaldım," diyebilir.

Bu durumda eski sevgilinin dönmesini sağlamak konusundaki çalışmalara başlamadan önce şu noktaya bakmak gerekir:

"Bu ilişkinin yeniden başlaması seni gerçekten mutlu edecek mi?"

"Hayatında ileriye yönelik atmak istediğin adımın bu olduğundan emin misin?"

Bu noktada iki farklı cevap vardır:

"Ne istediğimi ben de bilmiyorum, tamamen kararsızım."

Ya da;

"Onu kesinlikle geri istiyorum ve bunun için ne gerekiyorsa yapmaya hazırım."

Danışanın ses tonundaki kararlılık eski sevgiliyi geri kazanma konusunda başarı oranımızı belirler.

23

YA BENİMSİN YA DA BENİMSİN

Sadece "eski sevgili" başlığı altında bile uzun bir kitap yazmak mümkündür; o kadar detaylı ve derin bir konudur ki belki de yüzlerce vakayla karşılaştım. Bu konuya yönelik farklı bakış açıları geliştiren insanlar gördüm. Bu konudaki gözlemlerimi bu kitaba sığdıramam ancak yeri gelmişken kısaca değinmek istiyorum.

Bazı insanlar, "Onun benden sonra başkasıyla olmasını istemiyorum," diyerek eski sevgiliyi stalklamaya, yani gizlice takip etmeye devam ederler, onu bir şekilde geri kazanmak için ellerinden gelen her şeyi yaparlar. Onları üzen, ayrılmış olmaları değildir; eski sevgilinin başkasıyla olma ihtimalidir, bunu asla hazmedemezler. Bu insanları yönlendiren geldikleri kültürel yapı ve geleneklerdir çünkü normal şartlar altında bir insanla anlaşamadığınız zaman ayrılır ve kendi hayatınıza devam edersiniz. Sonrasında o insanın neler yaptığı aklınıza bile gelmez çünkü artık sizin hayatınızın bir parçası olmadığı için enerjinizi onu düşünerek harcamak istemezsiniz.

Elbette ayrılık acısı çekilir ve bir süre o insanı düşünmeye devam edersiniz ancak onun hayatına müdahale etmeniz imkansızdır ve elbette normal hayatın akışı içerisinde onun hayatında da bazı gelişmeler olabilir çünkü ne hayat ne de hayatın özünü oluşturan ilişkiler durağandır. Hatta tam aksine, dinamiktir ve sürekli bir devinim halindedir. Kimse sizi bıraktığınız yerde beklemez.

İşte bu sebeple, ayrıldıktan sonra hâlâ o insanın özel hayatını düşünmek ve ona engel olmaya çalışmak ona beslediğiniz sevgiyi göstermez.

Bunu şöyle açıklayabiliriz: Gerçekten seven insan, sevdiği için eski sevgilisini hayatına geri getirmeye çalışır fakat onu başkalarından uzak tutmak için geri getirmeye çalışmaz. Nitekim yıllar öncesinde karşılaştığım bir vakada şunu gördüm: Otuz yaşlarında bir kadın danışanım yaklaşık beş senelik ilişkisinin ardından ortak bir kararla ayrıldığı eski sevgilisini geri kazanmak istiyordu ve benden seans aldığında bu konuda yardım istedi. İlişkinin neden bittiğini sorduğumda, "Artık ona karşı bir şey hissetmiyordum," dedi ve ben bu cevaba şaşırdım. "O zaman neden onu geri kazanmak istiyorsunuz," diye sorduğumda ise şunu söyledi: "Ayrıldıktan sonra hemen başkasıyla yakınlaştı ve bu durum moralimi bozdu, bir türlü kabullenemedim. Bir başkasıyla olması ihtimali beni deli ediyor, onu geri kazanmak için her şeyi yapmaya hazırım..."

Birkaç seans boyunca derine indik ve şunu gördük ki; aslında eski sevgilisiyle yeniden birlikte olmak istemiyordu çünkü onu sevmiyordu. Tek istediği, bu adamın ondan ayrıldıktan sonra başka bir özel hayatının olmaması ve bir çeşit manastır hayatı yaşamasıydı...

24

TANIDIĞIM ŞEYTAN TANIMADIĞIM MELEKTEN İYİDİR

Bazı insanlar ise eski sevgililerinin ayrılık sonrası başkasıyla ilişki yaşaması düşüncesinden etkilenmez, hatta bunu umursadıkları bile söylenemez. Onların eski sevgiliyi döndürmek istemelerinin sebebi oldukça farklıdır ve bu durumla da yüzlerce defa karşılaştım.

Şöyle düşünürler: "Ben ayrılıktan sonra başka biriyle denedim ancak aynı duyguyu yakalayamadım. Dolayısıyla en azından bildiğim insanla devam etmek istiyorum."

Onlara genelde şu soruyu sorarım: "Daha önce denediniz ama sizi mutlu etmedi ve ayrıldınız. Bu defa sizi mutlu edecek mi?"

Bana verdikleri cevap aynıdır: "Bana kötü davranıyor olsa bile en azından onu tanıyorum ve ona alıştım. Bir başkasını tanımak da zaman alacak ve benim böyle bir vaktim yok; her ne kadar bana kendimi değersiz hissettiriyorsa da yeni bir insanla uğraşmak istemiyorum..."

Açıkçası eski sevgili konusunda en çok karşılaştığım sınıf budur; ben bu duruma "üşengeçlik sendromu" diyorum.

İşin enteresan yanı, bazen bunu söyleyen bir danışanın sadece yirmi beş yaşında olmasıdır. "Ben kendimi artık yaşlanmış hissediyorum ve hayatımda yeni bir insanı tanıyarak vakit kaybetmek istemiyorum," diyenler bile olmuştur.

Bana kalırsa hayata yeniden başlamanın yaşı olmaz.

Bir insan istedikten sonra hayatına her dönemde yeni bir yön verebilir. Bunu içinde bulunduğu koşullardan bağımsız olarak gerçekleştiren insanlar gördüğüm gibi, bazı koşulları bahane olarak kullanıp hayatında yeni bir adım atmaktan geri duran ve bu şekilde yıllarını aslında mutlu olmadığı bir ilişki içerisinde geçirenleri de gördüm. Burada insanlar ikiye ayrılırlar; yeni bir adım atmaya cesareti olanlar ve, dediğim gibi, üşengeç olanlar.

Bir ilişkiyi ayakta tutmak için elinizden gelen her şeyi yaparsınız, hatta kimi zaman partnerinizin hatalarını bile görmezden gelir ve onun sadece kötü bir dönemden geçtiğini düşünüp ona karşı anlayışlı olursunuz ancak buna rağmen size kötü davranmaya devam ederse bu durumda bir karar vermek zorunda kalırsınız.

Kararınız, bilmediğiniz melekleri tanımaya çalışmak yerine bildiğiniz şeytanla devam etmek olabilir, bunu anlarım fakat şeytan olduğunu bildiğiniz bir insanla kendi ısrarınızla devam ettiğiniz bir ilişkiden mutluluk beklemek?

İşte bunu anlayamam çünkü gerçekçi değildir.

O zaman şöyle söylemek gerekir: Bildiğim insanla devam edeceğim ve mutluluk beklemiyorum.

25

SANKİ ONLARDA KÖTÜ ÖZELLİKLER YOK MU?

Beni gerek özel hayatımda gerekse iş hayatımda en çok şaşırtan özellik, tabiri caizse *memur zihniyetine* sahip insanlar olmuştur. Hayatta yeni bir adım atmaya korkan ve en ufak bir değişiklik yapma konusunda çekinen insanlardan bahsediyorum, onları gözlemlemek bana her zaman enteresan gelir.

Eski sevgilinin geri dönmesini sağlamak konusunda insanlar üçe ayrılır. İlk iki maddeyi size kısaca anlattım. Şimdi üçüncü ve son maddeyi aktarmak istiyorum. Bu maddeyi sona sakladım çünkü kültürel yapı ya da yerleşik düzeni bozmama adına ilk iki maddeyi anlayabilirim fakat bu üçüncü gruba girenleri her zaman daha yakından incelemek ve onların nasıl olup da böyle düşünebildiklerini anlamak istemişimdir.

Şöyle bir durum düşünün: Bir insan ilişkisinde her şeyi deniyor ve partnerinin ona asla saygı göstermeyeceğini ve davranış sorunları olduğunu anlıyor. Yani partnerdeki problemler kendisinden kaynaklı değil, büyük ölçüde patolojik sorunları var. Bu durumda kendisi partnerini tedavi edemez, onu terapiye ikna etmesi ya da onu hayatından çıkartması gerekir.

Hayatından çıkarmıyor ve şöyle diyor: "Onu neden çıkarayım ki, diğer insanlarda da problemler yok mu?"

"İyi de henüz diğer insanlar dediğin varlıklarla tanışmadın ki... Onları neden tanımadan yargılıyorsun? Ayrıca maksat hemen başka insanlarla ilişki yaşamak değil, öncelikle seni yoran ve üzen bu ilişkiden kurtulur ve zaman içinde seni hak eden başka bir insanla yeniden şansını deneyebilirsin. Ne var bunda?"

"İyi ama elimdekini kaybetmiş olurum!"

"Peki bu 'elimdeki' dediğin ilişki seni mutlu ediyor mu? Bunu gerçekten merak ediyorum. Samimi yanıtın nedir?"

"Hayır, etmiyor ancak elimde sadece bu var ve başka insanlarda da problem olacağından eminim, bu nedenle elimdekini kaybetmek istemiyorum."

Bakınız, bu açıklamanın içerisinde binlerce kötümser duygu var: özgüven eksikliği, gerçek dışı bir umutsuzluk, başka insanlara karşı sonsuz bir kötümserlik... vb.

Bir örnek verip bu konuyu kapatalım: Yıllar önce bir yaz mevsiminin kavurucu günlerinde, İtalya'da Roma yakınlarında bir kasabaya yolum düştüğünde köydeki kahvehane tarzı mekana oturup biraz dinlenmek istedim. Bu arada yan masada oturan seksen yaşlarındaki ihtiyar adamla konuşurken onun doğduğundan beri o kasabadan hiç çıkmadığını duydum ve buna çok şaşırdım. Nedenini sorduğumda beni çok şaşırtan bir cevap vermişti:

"İyi de bütün dünya aynı değil mi?"

Neyse ki Kristof Kolomb böyle düşünmüyordu ve yeni kıtayı keşfetti.

26

ESKİ SEVGİLİMİ NASIL GERİ KAZANABİLİRİM? *PART 1*

Tarih sayfalarında yer alan en eski soru olan "Eski sevgilimi nasıl geri kazanabilirim?" sorusuna yanıt vermeden diğer bölümlere geçeceğimi sanıyorsanız elbette yanılıyorsunuz. Bu konuda yapmanız gerekenleri iki bölüm halinde sizlerle paylaşacağım.

Öncelikle şunu belirlemek gerekir: Kim kimi terk etti ve ayrılık sebebi neydi?

Diyelim ki siz hata yaptınız ve o sizden ayrılmak istedi, bu durumda şunu sormak gerekir: Bu hatayı ilk defa mı yaptınız yoksa sürekli yapıyordunuz ve sonunda o sizden ayrılmak mı istedi? Yani hatalarınızla onu hayatından bezdirmiş olabilir misiniz?

İlk olarak, hatanın sizden kaynaklandığı bir senaryoyu inceleyebiliriz; bu durumda kendinizi affettirmek için bir şeyler yapmanız gerekir ancak durumu analiz etmeden adım atmanızı tavsiye etmiyorum.

Bazı erkekler sürekli kıskançlık yapan ve hayatına müdahale eden kadınlardan bir süre sonra ayrılmak isterler çünkü ne kadar alttan alsalar da zaman içinde kıskançlık ve baskı dayanılmaz bir hale gelecektir.

Bu durumda "**Artık dayanamıyorum, beni sal, bir süre kendi halime bırak**" veya benzeri cümleler erkekte basınç seviyesinin patlamaya hazır hale geldiğini ve artık nefes bile alamadığını size göstermelidir. Yapmanız gereken, tıpkı sizden talep ettiği gibi onu bir süre (en az iki hafta) kendi haline bırakmanızdır; kafasını dinlemesi ve bir süre yalnız kalması gerekir.

Şu durumla maalesef çok sık karşılaşıyorum: Bir tartışma sonrası erkek, "Tamam, bunu sonra konuşalım, ben bir süre yalnız kalmak istiyorum," der fakat kız arkadaşı konuyu ısrarla konuşmak ister ve hatta telefonda yapılan bu tartışma sonrasında gece yarısı atlayıp adamın kapısına kadar gider. Erkek bu durumu görünce çıldırır çünkü sadece bir süre yalnız kalmak ve olan biteni düşünmek istemiştir. Hepsi bu.

Eğer onu kırdıysanız en az on beş gün yalnız bırakın ve bu sürede sadece kısa bir mesaj atabilirsiniz. Size kırgın olduğu için mesajınıza cevap vermemesi halinde şaşırmayın; bırakın biraz öfkesi azalsın, o sizinle tekrar iletişime geçecektir.

Bu tip durumlarda kullanmanız için ideal bir mesaj önerisi (mesaj mutlaka kısa olmalıdır):

"Canım, seni üzdüğüm için özür dilerim, şu ara kendimi iyi hissetmiyorum ve hatalı olduğumun farkındayım. İyi olduğunu bilmeye ihtiyacım var, bana haber verirsen sevinirim."

27

ESKİ SEVGİLİMİ NASIL GERİ KAZANABİLİRİM? *PART 2*

İlk bölümde sizin hatalı olduğunuz bir ayrılık senaryosunu kısaca anlattım; bu bölümde ise erkek arkadaşınızın aniden sizi terk ettiği bir ayrılık sahnesi üzerinden yapmanız gerekenleri paylaşmak istiyorum.

Öncelikle artık yaygın olarak bilinen "ayrılık sonrası otuz gün kuralı"nı uygulamanız gerekir; ben bu kuralı ortaya attığımdan beri her yaş grubundan papatyalar tarafından benimsendi ve uygulandı. Bu kuralı hiç inanmadan uyguladıklarını söyleyen bazı papatyalar bile sonrasında bana gönderdikleri mesajlarında işe yaradığını ve eski sevgililerinin döndüğünü yazdılar.

"Ayrılık sonrası otuz gün kuralı" nedir?

Daha önceki bölümlerde bahsettiğim gibi, erkeklerin duygusal yaklaşımları asla kadınlar kadar güçlü ve derin değildir. Bir erkeğin duygusal cümleler kullanması ya da derin duygular hissetmesi başlı başına bir olaydır; dünyanın geleceği üzerine bile umut verebilir. Dolayısıyla ilişki sürecinde olduğu gibi ayrılık sonrası dönemde de erkeğin yaklaşımı farklı olacaktır.

Bir defa toplumsal tabular ve etrafa güçlü görüntü verme kaygısıyla erkek ayrılık acısını içine gömer ve ağlasa bile bunu yalnızken yapmaya çalışır; kadınların yaptığı gibi, bir araya gelip yaşananları detaylı olarak konuşma huyu erkeklerde yoktur.

En fazla şöyle bir sahne hayal edin: "**Tamam abi, sen güçlü adamsın, bu kız nereden bulacak senin gibi adamı, boş ver üzülme!**"

Dolayısıyla erkek bir adım atmaz ve kadının mutlaka adım atacağını düşünür. İşte bunu yapmıyor ve ayrılıktan sonra tam otuz gün bekliyorsunuz çünkü ancak otuz gün sonra erkek bu ayrılığın kesin olduğunu fark etmeye başlıyor.

Bu kız gerçekten de benden ayrılmış olabilir mi?

Bu ihtimali ciddi anlamda aklından geçirmeye başlar ve ardından sizin hikayelerinize bakarak yanaşmayı düşünür. Kimi erkekler Instagram hikayelerinize bakıp sizi erkek tabiriyle "yemlemeye" başlar.

Bunun Türkçesi şudur: "Ben sana bakıyorum ama ilk adımı sen at!"

İşte bunu yapmanızı kesinlikle önermiyorum çünkü eğer siz adım atarsanız yine, "Sen istedin," diyerek yanlış yapmaya devam edebilir. Olayı iyice büyütmek ve onu adım atmaya zorlamak için şunu yapmanız iyi olacaktır:

Sosyal medyada bol bol paylaşım yapın, bu paylaşımlarda neşeli ve keyifli pozlar vermeyi ihmal etmeyin; ayrıca eğer mümkünse saç renginizi değiştirin. "Saçımı daha yeni yaptırdım," diyenler, yüzünüzde onun ilk bakışta fark edeceği bir değişiklik olsun; makyaj veya lens bile olabilir. Eski erkek arkadaşınız hikayelerinizde bu değişikliği görünce sizi hemen arayabilir.

28

ERKEĞİN AYRILIK SONRASI YAŞADIĞI ÜÇ AŞAMA NEDİR?

Erkekler ayrılıktan sonra üzülmez demiyorum, erkekleri tamamen duygusuz ve vicdansız göstermek gerçek dışı olacaktır. Kimi erkekler bir kadına kendini öyle kaptırır ki adeta sevginin ve aşkın kitabını yazabilirler ancak ne olursa olsun erkek âleminde şu vardır: "Duygularını gösterme çünkü kadının gözünde zayıf görünürsün."

Bu durum erkekler açısından son derece risklidir, ayrıca çocukluk çağında babadan aldıkları eğitim de bu davranış biçimini destekliyor olabilir.

Bir kadına, "Seni seviyorum," demek erkek açısından pek kolay bir yaklaşım değildir, bunu yapmanın ilişkide kendilerine büyük bir zarar verebileceğini düşünürler.

Ayrılık sonrası dönemde ise duygularını göstermenin ayrıldıkları kadına "zayıf erkek" imajı verdiğini düşünebilirler ama aynı zamanda çevresindeki diğer erkekler de adamla dalga geçerek, "Ne oldu oğlum, kız seni salladı mı?" gibi sözlerle onu rencide edebilir. Erkekler arasındaki rekabeti düşünecek olursak, bunu yapmaları oldukça muhtemeldir; acımasız ve yoğun bir rekabetten bahsediyoruz.

Dolayısıyla ayrılık sonrası erkeğin yaşadığı üç aşama vardır:

"Bu kız bensiz olamaz, yakında mesaj atar," diyerek ayrıldığı kızın mesaj atmasını bekler, hatta bundan emindir. Bunun en büyük sebebi, ayrılığı kabullenmeyip sürekli mesaj atan ve birkaç gün dahi olsa sessiz kalamayan bazı kadınların bu adama fazlasıyla gaz vermiş olmalarıdır. Adam bu durumu daha önceki ayrılıklarında birçok defa yaşadığı için yine kadının mesaj atıp dönmek isteyeceğinden tamamen emin bir şekilde hayatına devam eder. İşte tam da bu sebeple "ayrılık sonrası otuz gün kuralı"nı getirdim: Siz sessiz kaldıkça bu defa durumun onun düşündüğü gibi olmadığını anlamaya başlar. Bu birinci aşama en az on beş gün sürer ve erkek eski sevgilisinden mesaj veya arama bekler.

On beş günün ardından ikinci aşamaya geçilir, bu süreçte ayrılıkla ilgili sorulara şöyle cevap verir: "Açıkçası kızı unuttum, aklıma bile gelmiyor!" Biz buna "avcı edebiyatı" diyoruz çünkü özellikle de sevdiği bir kadını bu kadar hızlı unutması imkansızdır, dolayısıyla farklı bir algı yaratmak için yalan söylemektedir. Bu cevabı duyan arkadaşları, adamın kadına âşık olduğunu hemen anlar. Gerçekten unutmaya başlamış bir adam ise şöyle yanıt verecektir: "Bazen aklıma geliyor ama yakında biter, zaten bitmesi gerekiyordu."

Ayrılık sonrası yaklaşık otuz ila kırk beş gün sonra en son aşamaya geçilir ve erkek şöyle düşünmeye başlar: "Gerçekten beni unutmuş olabilir mi?" Ya da şu efsane cümle vardır: "Benim gibi bir adamı nasıl unutabilir?" Ya da en çok duyduğumuz cümle: "Bu kız başka birini mi buldu abi?"

İşte bu süreçte artık dayanamaz ve arar ya da mesaj atar ya da hesabını gizlice takip etmeye başlar. Bu sebeple kadınlara ayrılık sonrası sessiz kalmalarını ve sabırlı olmalarını öneriyorum.

Hikayelerinize bakıyor, like atıyor ama yine de gurur yaptığı için size adım atmıyorsa şu mesajı deneyin: "Hayırdır, sosyal medyada hep takiptesin ancak gerçek hayatta yoksun, bir mesaj atmak bu kadar mı zor?"

"Sadece arkadaşça bakıyorum" gibi saçma sapan bir cevap verirse son darbeyi hunharca indirin:

"Yeterince arkadaşım var; arkadaşlık teklifinle ilgilenmiyorum canım."

29

"ALFA ERKEK" KAVRAMI NE ANLAMA GELİYOR?

Bu kitabın 13. Bölüm'ünde size "sırtlan erkek" kavramını açıkladım, şimdi sıra geldi "alfa erkek" kavramını sizlere anlatmaya. Aslına bakarsanız bu adamlardan o kadar az sayıda var ki nesilleri tükeniyor. Bana kalırsa bundan otuz kırk sene sonra "alfa erkek" diye bir şey kalmayacak ve sadece sırtlanlar ya da hımbıl erkekler sahnede yerlerini alacaklar. "Hımbıl erkek" sınıfını da anlatmak isterim fakat öncelikle "alfa erkek" konusunda size bazı bilgiler vereceğim.

Öncelikle şunu belirtelim: "Alfa erkek" deyince eğer aklınıza maço adamlar geliyorsa kesinlikle yanılıyorsunuz. Sizce Bond, James Bond maço bir adam mıdır?

Bu soruya vereceğiniz yanıt çok önemli çünkü bu yanıta göre sizin alfa erkeği sevip sevmediğinizi anlamak mümkündür; eğer "James Bond maço bir adam ve bana göre değil," diyorsanız ilişkide alfa erkek size göre değil. Daha yumuşak bir şeyler bulmalısınız: Mesela hımbıllar iyidir.

Alfa erkek, her şeyden önce cinsel anlamda aç değildir ve bu konuda kendini belli bir doyum seviyesine getirmiştir. Onun bir kadında aradığı ilk özellik, kadının en kısa yoldan yatağa girmesi değildir; daha ziyade, uyumlu, anlayışlı ve en önemlisi esprili olmasıdır.

Ne kadar alfa erkek tanıdıysam hepsi de bir kadınla eğlenmekten zevk aldıklarını söylerler; buna birlikte seyahat etmek, gezmek, dolaşmak ve yeri geldiğinde saatlerce kültür sanattan konuşabilmek gibi özellikler girer. Alfa erkek sapyoseksüel bir adamdır; yani kadında zekaya son derece önem verir, kadının kendini yetiştirmiş olması ve yüksek standartları olması alfa erkeği etkileyen özelliklerin başında gelir.

Şunu sorduğunuzu duyar gibiyim: "**Böyle erkekler var mı?**"

Yazımın başında belirttiğim gibi, alfa nesli tükenen bir canlıdır; bunun en büyük sebebi ise alfanın yetişme sürecidir. Bir alfayı yetiştiren, ailesi ve en başta annesidir ancak bir alfa yoğun ilgiyle şımartılmaz; tam aksine, hayatta her şeyi kendi başına halletmesi ve kendi ayakları üzerinde durması gerekir.

Siz James Bond'un, annesini arayıp, "Anne, bir kızla tanıştım, çok seveceksin," dediğini gördünüz mü?

Alfa erkek hayatına kimseyi karıştırmaz. Nokta.

Oysa ülkemizde anne-oğul ilişkisi, Kraliçe Elizabeth ile Prens Charles ilişkisinden pek farklı değildir. Küçük yaşlardan itibaren annesi tarafından şımartılan bir erkeğin ***ALFA OLMA İHTİMALİ YOKTUR*** çünkü ***kaldırım taşlarını kendi elleriyle örmediği bir hayat yolculuğunda krallığını ilan edemez...***

Alfa nedir biliyor musunuz? ***Varlığını tüm dünyaya ilan ederken sırtını kimseye dayamayan kişidir.***

30

BİR ALFA KOLAY YETİŞMİYOR; EMEĞE SAYGI LÜTFEN!

Madem bu kadar ender bulunan bir cins, size alfaları anlatmaya devam edelim. Dediğim gibi, otuz kırk yıl sonra bu adamlardan hiç kalmayacak, tıpkı Afrika'daki filler gibi yok olup gidecekler çünkü koruma altında değiller!

Birçok kadın danışanımdan şunu duyarım: "Adil Beycim, nerede o eski adam gibi adamlar? Şimdiki erkekler erkek gibi değiller, ilişkide erkekler kadının rolünü oynama başladılar, hesap bile ödemiyorlar..."

Toplumda kadına muazzam değer verilmesi gerektiğini ve dünyadaki tüm güçlü toplumların kadınlara değer vererek yükseldiğini Youtube kanalımdaki tüm videolarda paylaştım ve paylaşmaya devam edeceğim. Öte yandan, bir toplumda erkeklerin eğitimi de en az kadınların eğitimi kadar önemlidir. Küçük yaşlardaki bir erkek çocuğa kendi ayakları üzerinde durmayı ve hayatla mücadele etmeyi öğretmek bir annenin en büyük sanatıdır çünkü bunları öğrenen bir erkek, ileride hem eşine hem de çocuklarına sahip çıkar, kimseyi yarı yolda bırakmaz, en azından utanma duygusuna sahiptir ve kendisini utandıracak davranışlardan uzak durur.

Yıllar önce bir alfa ile sohbet ederken bana söylediklerini burada özetleyeyim::

"Hayatım hiçbir zaman kolay olmadı, kimsenin bana bir gram destek verdiğini görmedim ama asla isyan etmedim ve işime baktım. Küçükken annemin beni neden mesafeli yetiştirdiğini düşünürdüm çünkü mahalledeki arkadaşlarımın anneleri onları sürekli şımartır ve severdi. Tabii o yaşlarda ben bu duruma uyuz oluyor ve anneme kızıyordum. Okulda bir zorlukla karşılaştığımda annemle babam, 'Sen halledersin oğlum,' diyerek beni bu durumla baş başa bırakıyorlardı. O yaşlardan problem çözmeyi ve açtığım belaları kendi başıma çözmeyi öğrendim, insanları öğrendim ve sonra baktım ki hayatı öğrendim. Kendi ayaklarımın üzerinde durmak hoşuma gitmeye başladı, şımarık büyümedim ve sevgiye boğulmadım. Beni öyle çok seviyorlardı ki ne eksik ne de fazla, tam kıvamında. Sonra baba oldum, çocuklarım oldu ve baktım ki çocuk yetiştirmek en zor sanatmış, ailem de gerçek birer sanatçıymış; bunu anladım. Daha önemlisi şu: Ben küçükken mahallede şımartılan, annesi tarafından sümükleri silinen ve arkası toplanan ne kadar erkek varsa büyüyünce muhallebi çocuğu oldu, hayat boyu arkalarını kendi başlarına toplayamadı ve hanım evladı olarak yaşamlarını sürdürdüler. Onlara acıyorum ve kendi başıma güçlü olmayı seviyorum. Her bayramda gidip anamın elini öpüyorum, bana verdiği bu zorlayıcı ama faydalı eğitimden dolayı ona teşekkür ediyorum."

Alfanın yolu sancılıdır ama karakter sahibi olmak da bir ayrıcalıktır...

31

ALFALAR BANA NEDEN DENK GELMİYOR DİYEN KADINLAR ÜZERİNE

"Alfa erkek" kavramını kısaca özetlemiş oldum. Şimdi size bir anekdot anlatmak istiyorum çünkü aslına bakarsanız alfa erkek, bazı kadınlar tarafından tercih edilen bir erkek türü değildir. Kime sorsanız, "Ben alfa erkek bulmak istiyorum," diyecektir ancak kimi zaman derinlerdeki gerçekler biraz farklı olabilir.

Yıllar önce karşılaştığım bir vakada şunları gözlemledim:

Başarılı iş kadını danışanımla ilişkilerinde yaptığı erkek seçimlerini analiz ediyorduk ve ne gibi kıstaslara sahip olduğunu anlatmaya başladı. Doğru insanı bulmak konusunda sorunlar yaşıyordu ve onu bulduğu anda mutlu bir evliliğe yelken açmak istediğini söyledi.

Detaylara indiğimizde bana şu klasik soruyu yöneltti:

"Adil Beycim, hep bahsettiğiniz alfa erkekler var ya, işte onlar bana denk gelmiyorlar."

"Pekala," diyerek söze girdim ve bu erkeklerin ona denk gelmemesinin mümkün olmadığını belirttim çünkü bahsettiğim danışanım iş hayatında çok yüksek bir mevkide, hemen her gece gala, açılış ve benzeri sosyal etkinliklere katılan bir kadındı. Dolayısıyla çevresinde mutlaka alfa erkekler olduğunu ama muhtemelen onun tarzı olmadıklarını söyledim.

"Hiç olur mu Adil Beycim, ben alfa bulsam hemen evleneceğim," deyince onunla kısa bir çalışma yapmak istedim.

"Şimdi gözlerinizi kapatın ve çevrenizde şu özelliklere sahip bir erkek olup olmadığını düşünün: ***Kendi işinde uzman, başarılı, normal bir erkeğe göre daha özgüvenli ve hatta biraz havalı, fakat kimseye dalkavukluk etmeyen ve kimseyle yakın olmaya çalışmayan, mesafeli ve zor ulaşılır bir görüntüsü olan, konuştuğunuz zaman cana yakın ve samimi ancak sizle birlikte değilken tamamen kendi hayatına odaklanan, kendi önceliklerine önem...***"

Daha sözümü bitirmeden bir ismi haykırdı. Ofisteki sessizlikte aniden bağırınca o da tedirgin oldu ve, "Kusura bakmayın, bahsettiğiniz adamın ismi aniden aklıma gelince kendimi tutamadım ve bağırdım," diyerek durumu açıkladı. Oysa ben gülümsüyordum çünkü çevresinde en az bir alfa olduğunu görmüş olduk. Üstelik bu adam onunla kahve içmek için üç defa teklifte bulunmuş ve her defasında reddedilmişti. Nedenini sordum:

"Sanırım hoşuma gitmiyor," dedi. "Ben sözümü dinleyecek ve bana aşırı ilgi gösterecek bir erkekle vakit geçirmeyi seviyorum, erkekleri domine etmek hoşuma gidiyor."

"O zaman neden alfa erkek arıyorsunuz?"

"Haklısınız," diye yanıtladı. "Aslında detaylı düşündüğüm zaman sadece bu adam değil, çevremde başka alfalar da var ancak sanırım ben kendime itiraf edemesem de alfa erkek sevmiyorum. Bana göre çok güçlü karaktere sahipler ve bir ilişkide erkeğin benden güçlü olması hoşuma gitmiyor..."

32

DOĞRU İNSANI NEREDE BULABİLİRİM?

Önceki bölümde kısaca belirttiğim örneğe bakacak olursak, "doğru insan" kavramının tamamen göreceli olduğunu anlarız. Bir kadına göre "doğru insan" olan bir erkek, bir başka kadına göre asla tercih edilmeyen biri olabilir. İnsanları partner seçimlerinde etkileyen psikolojik ve hatta genetik faktörler vardır.

Öte yandan, "Etrafımda herkes mutlu bir ilişki yaşıyor ancak doğru insan bana denk gelmiyor" diyen bir kadın, öncelikle en başta belirttiğimiz üzere, bir erkekte aradığı kriterleri açıkça yazmalı ve kendisiyle yüzleşmelidir. Belki de aradığı bir alfa değildir, tüm önceliğini kendisine verecek bir erkektir, hatta kimi zaman bu adamın bir işi, gücü ya da kariyeri olması bile danışan için önemli değildir çünkü şöyle der: "Benim param var, ben ona bakarım, sadece sabahtan akşama kadar hiç nefes almadan bana ilgi göstersin ve aklı fikri sürekli bende olsun. Ben bir ilişkiden bunu bekliyorum."

Bunları söylemesinde hiçbir sakınca yoktur ve hatta açıkça analiz edip ortaya koyması, ne aradığını anlayabilmek açısından son derece önemlidir. Aslında bir erkekten bunları beklerken başka şeyler beklediğini düşünerek kendini kandırmak hem zaman kaybıdır hem de yanlış ilişkilerde kötü deneyimler yaşanmasına neden olur.

Bir insan her şeyden önce kendine karşı dürüst olmalıdır ve ne istediğini bilmelidir.

Kimi insanlar ise ne istediklerini bilir ve hatta aradıkları partneri gerek fiziksel gerekse davranış özellikleriyle tarif eder ancak bu insanı bulmak için hiçbir adım atmaz.

"**Hani filmlerdeki gibi bir yerlerde denk gelmesini bekliyorum ama bana kimse denk gelmiyor**..."

Peki bu nasıl olacak?

Bir insan sabah sekizde evden işe gidip, üstelik işyerinde sosyal ilişki kurabileceği kimse olmadığı için bütün gün kimseyle sohbet etmeden çalıştıktan sonra, akşam altıda işten çıkıp eve döndüğünde ilişki için ideal partneri nasıl bulabilir? Bu partnerin akşam vakti aniden kapıyı çalıp, "Merhaba, hani yıllardır beklediğin doğru insan vardı ya, işte o benim; ben geldim," demesi filmlerde bile imkansızdır.

Dolayısıyla sağlıklı ilişki bulan insanların en büyük ortak özellikleri, sosyal hayatta etkin olmaları ve iş dışındaki sosyal faaliyetlere hiç üşenmeden katılım göstermeleridir. Burada farklı insanlarla tanışıp geniş bir çevre edinirler. İş saatleri sonrasında kendini eve atıp Netflix ile romantik bir ilişki yaşayan insanların sevgili bulduklarına pek şahit olmadım.

Eğer gerçekten hayatınızda sizi anlayacak ve sizinle güzel vakit geçirecek bir insan olmasını istiyorsanız kendinize şunu sormalısınız: "Ben onu bulmak için ne yapıyorum?"

Öte yandan, sizi mutlu edecek doğru insanı sosyal medya üzerinden bulmaya çalışıyorsanız, size anlatmam gereken bazı şeyler var...

33

ALEV KAPANI: SOSYAL MEDYA

Hayatta her şeyin kendince bir görevi vardır.

Milenyumda hayatımıza giriş yapan sosyal medyanın da önemli işlevleri olduğunu söylememize gerek yok. Günlük yaşantımızda neredeyse sosyal medyanın esiri olmuş durumdayız ve özellikle dünyadaki şu salgın sürecinde insanlar ceptelefonlarını ellerinden bir an bile düşürmeden yaşıyorlar.

Bir taraftan oldukça zararlı çünkü büyük bir bağımlılık haline geldi; öte yandan, dünyanın her yerine birkaç saniye içerisinde bağlanıp iletişim kurabilmenin lüksünü ve rahatlığını yaşıyoruz. Sosyal medya aynı zamanda insanların başka ihtiyaçlarını da karşılıyor:

İnternet üzerinden sipariş vererek kapınıza kadar teslim edilecek şekilde her şeyi satın alabiliyorsunuz. Bunu yapmak için dışarı çıkmanıza veya herhangi bir yere gitmenize gerek kalmıyor.

Bu hizmetlerin yanında sosyal medyanın en büyük etkisi ilişkiler ve evlilikler konusunda oldu fakat bu durum henüz yeterince gündeme gelmiyor. Amerika'da yapılan bir araştırmaya göre, iki binli yılların başından itibaren boşanmalarda inanılmaz bir artış var çünkü uygulamalarla başkasını bulan insanlar evlilik konusunda mücadele etmeyi bıraktılar.

İlişkilerin temeli olan fedakarlık ve anlayış yok oldu; çok alternatifi olduğunu düşünen insanoğlu kolaylıkla başka bir ilişkiye geçebiliyor. Bu durum sadece Amerika'da değil, tüm dünyada geçerli ve bizler de bunun etkilerini ülkemizde yaşıyoruz. Boşanma davalarına dikkatli bakılacak olursa, sosyal medya üzerinden başkasıyla yakınlaşma vakaları en büyük boşanma sebepleri arasında yerini aldı. Eskiden böyle bir sebep yoktu çünkü etrafta bu kadar çok uyaran yoktu. Şimdi insanlar genelde dikkat dağıtan ve sürekli uyaran etkenler arasında kafaları karışmış halde evliliklerini yürütmeye çalışıyorlar.

Duygusal boşluk yaşayan bir insan düşünelim: Evliliğinde tartışmalar var ve kafası karışık, hatta boşanma ihtimalini bile zihninde tartmaya başlamışsa da henüz bu konuda net bir karar vermemiş ancak, "Gerekirse boşanırım," diye düşünmeye başlamış. Tam bu esnada Instagram hesabında bir dm (direct message) görüyor. Hiç tanımadığı biri ona mesaj atmış ve bir sohbet doğuyor. Bu yakınlaşmada ilk zamanlar aklında sadece yazışmak var, kesinlikle kimseyle görüşmek istemiyor ama bir başkasının ilgi göstermesi de hoşuna gidiyor. Üstelik evde huzur bulamıyor ve eşi ona uzak davranıyor. Tam bu duygusal boşluk sürecinde bir başkasının yoğun ilgisi ve yakın davranışları hoşuna gidiyor.

İlk başlarda sadece yazışma şeklinde ilerleyen iletişim zamanla görüşmeye dönüşüyor çünkü ilk yazan insan görüşme talebinde bulunmaya başlıyor ve ısrar ediyor. Üstelik bu süreçte eşinden ruhen ve bedenen uzaklaştığı için bu yabancıyla yakınlaşıp farkına varmadan hayatında ona bir yer vermeye başlamış.

Unutmayın: Sizinle istikrarlı diyalog kuran her insan, hayatınızda küçük ya da büyük bir yer edinmeyi ister. Bu insanın ısrarları üzerine onunla dışarıda görüşüyor ve kendini yakın hissetmeye başlıyor. Aklı karışıyor ve boşanmaya karar veriyor...

34

SOSYAL MEDYADAN SAĞLIKLI İLİŞKİ OLUR MU?

Dünya üzerinde hiçbir şey için, "Asla olmaz," diyemeyiz çünkü yaşanan salgın da gösterdi ki bu aşamadan sonra sadece uzaylıların gelmesini bekliyoruz; bir tek o kaldı.

Dolayısıyla, "Sosyal medya üzerinden asla sağlıklı ilişki yaşanamaz," diyemem. Sosyal medyada tanışan ve sonrasında evlenen insanlar vardır, hatta bu evliliklerini mutlu mesut şekilde yürüten insanlara da saygımız sonsuz.

Fakat bizim işimiz milyonda bir meydana gelen istisnai durumları araştırmak ve analiz etmek değil; çoğunluğu, yani bütünü ilgilendiren yüksek oranlı deneyimleri ortaya koymaktır. Sosyal medyada meydana gelen sağlıklı ilişkiler bu yüksek oranlı deneyimler arasında yer almıyor.

Sosyal medya ilişkilerinde mutluluk imkansız demiyorum ama nadir diyorum.

Beni yakından takip edenler sosyal medya üzerinden yaşanan ilişkilere karşı olduğumu söyler; oysa söylediklerimi dikkatle dinleyenler karşı olmadığımı bilir. Bir kez daha ifade ediyorum ki, ben sosyal medya üzerinden tanışmalara ve ilişkilere kesinlikle karşı değilim ancak "kasaba gidip marul almaya çalışan insanların marul bulamayınca gösterdikleri tepkiye karşıyım."

Bunu açıklamak istiyorum: Tinder adlı uygulama birçok insanın keyifli bir gece geçirmesine ve hatta cinsel yaşamına renk katmasına yardımcı olabilir. Cinselliğin ilişkilerde ne kadar önemli olduğunu her fırsatta söylüyoruz ancak "Tinder'da geziniyor, erkeklerle tanışıyorum ama nedense bana ciddi ilişki düşünen erkek denk gelmiyor," diyen bir insan yukarıdaki örnekte belirttiğim gibi, kasaba gidip marul almaya çalışan bir insandan farklı değildir.

Piyasada marul vardır ve satılmaktadır ancak onun yeri kasap değildir.

Bu konuyu analiz etmek için Adam Smith olmaya gerek yok; yapmanız gereken sadece, bir ilişkiden ne istediğinizi kendinize açıkyürekli bir şekilde itiraf etmek ve sonrasında bu istediğiniz duyguyu nerede bulabileceğinizi analiz etmek.

"Ben ciddi ilişki istiyorum, eğer mümkünse önümüzdeki on iki ay içerisinde evlenmiş olmalıyım," diyen bir insanın Tinder veya benzeri uygulamalarda vakit kaybetmesi yersizdir. Yıllardır kadınlara erkek dünyasından önemli bilgiler veriyor ve erkek ruhunu kadınlara aktarıyorum; bugüne kadar arkadaş bulma sitelerinde gezinip evlilikten bahseden bir erkeğe hiç rastlamadım çünkü erkekler şöyle düşünür: "Bu sitede takılan bir kadın kim bilir kaç erkekle yazışmış ve hatta birlikte olmuştur. Ben de onunla gezer eğlenirim ancak evliliği asla düşünmem."

Dediğim gibi, bunun tersi bir duruma hiç rastlamadım.

"Biz sosyal medyadan tanıştık ve ertesi hafta bana evlilik konusunu açtı," diyen kadınlara sesleniyorum: Dikkat sırtlan çıkabilir!

35

SOSYAL MEDYADAN YAZIŞIYORUZ, NASIL DAVRANMALIYIM?

Sosyal medya hiç tanımadığınız insanlarla iletişim kurmanız açısından büyük bir fırsat sunuyor ve hatta network kurma konusunda saplantılı derecede meraklı olanlar için eşi benzeri olmayan bir mecradır; candır, kandır. Buna diyecek sözümüz yok.

Dünya tarihinde insanlar arasında iletişim olanaklarının bu kadar yüksek olmasına rağmen samimi iletişimin bu kadar düşük olduğu başka bir dönemin yaşandığını hiç sanmıyorum. Dolayısıyla trajikomik bir durumla karşı karşıya olduğumuzu bilelim.

Öte yandan bazı kadınlar sosyal medya üzerinden doğru insanla tanışıp sağlıklı ilişki yaşıyor. Bunun formülü nedir?

Size kısaca aktarmak istiyorum:

1. Cinsellik muhabbetine asla izin vermeyin. Yanlış anlaşılmasın; belki de siz çevrenizden olmayan ve size tamamen yabancı biriyle cinsellik konuşmayı seviyor veya bundan tahrik oluyorsunuz, burada bir sorun yok. Benim sözüm, "Ben ciddi ilişki istiyorum," diyen kadınlara. Eğer sosyal medyadan tanışıp ciddi ilişki yaşamak istiyorsanız başlangıçta, yani yazışmaların ilk bir aylık sürecinde onunla cinsellik muhabbeti yapmayın. Size bu konuda ne kadar ısrar ederse etsin, buna izin vermeyin çünkü izin verdiğiniz anda erkek şöyle düşünür: "Bu kadın hemen cinsellik konuşmaya başladı, hatta sexting (cinsel mesajlaşma) yapmaya hazır. Benden önce kim bilir kaç kişiyle bunları yapmıştır?" İşte erkek beyni bu kadar ilkel düşünür çünkü siz bunu daha önce kimseyle yapmasanız da bu adamı inandıramazsınız, sizi de kendisi gibi sırtlan olarak değerlendirir. Kendinizle ilgili gereksiz bir algı yaratmak istemiyorsanız, size tavsiyem, cinsellik muhabbetinden uzak durmanız olacaktır.

2. Yazışmaları uzatmayın ve görüşün. Diyelim ki size her gün yazıyor ve iletişimi asla koparmıyor ve

elbette bu ilgi sizin hoşunuza gitmeye başladı. Buraya kadar sorun yok ancak kibar bir dille artık görüşmenin ve yüz yüze tanışma zamanının geldiğini ima edin, bunu yapmak istediğinizi söyleyin. Eğer burada lafı geçiştiriyor ve tanışma sürecini uzatıyorsa amacı bellidir: Daha tanışmadan kadında duygu yaratmak ve mümkünse ilk görüşmede hemen cinselliği yaşamak. Amacı sadece cinsellik olan erkekler sosyal medyadaki uygulamalarda yazıştıkları kadına şunu söylemekten çekinmezler: "Canım, görüşmeyi ben de isterim ama gecemiz mutlu bitecekse görüşelim, yoksa benim sadece sohbet etmeye vaktim yok, zaten yeterince arkadaşım var..."

"Benimle yatacaksan görüşelim yoksa senin kafa yapın, duyguların ya da ruhun beni hiç ilgilendirmiyor," demiş oldu. Mesajı aldınız mı?

36

İLİŞKİDE TRAFİK IŞIKLARI VE SİNYALLER

Erkekler her zaman sinyal verir ve bunları adeta yoldaki trafik ışıkları gibi görürseniz kimi zaman kırmızıda durup beklemeniz kimi zaman da yeşilde geçmeniz gerekir. Sosyal medya üzerinden iletişim kuran bir erkek tüm amacını, tanıştıktan sonra olacakları veya size ne kadar önem verdiğini satır aralarında açıkça yazmaktadır çünkü erkekler kadınlarınki gibi karmaşık ve çetrefilli bir beyne sahip olmadıkları için bir mesaj verme konusunda da lafı uzatmayı sevmezler.

Bu sebeple Youtube videolarımda sizlere bir erkeğe mesaj atarken, “Konuyu kısa kesin ve Dostoyevski gibi roman yazmayın çünkü erkekler uzun mesajları okumazlar," diye nasihat veriyorum. Bunun yerine bir erkeğe atacağınız kısa ve direkt mesajlar onun algısı üzerinde çok daha etkili olacaktır.

Örneğin ciddi ilişki arıyorsunuz ve sosyal medya üzerinden bir adamla yazışmaya başladınız. Size yazdığı mesajlara ve açtığı konu başlıklarına ve aynı zamanda bu adamın profiline dikkatle bakın. Takip ettiği kızların hepsinin Ukrayna, Rusya ve benzeri ülkelerden olması, hepsinin yarı çıplak pozlar veren ablalar olması sizi şaşırtmasın.

Bu arkadaşımız kendisini piyasaya adamış ve bu konuda ter döken emektar sporculardan bir tanesi olabilir. Erkek dünyasında şöyle bir söz vardır: "**Bir erkek için en sağlıklı spor ömür boyu kadınların peşinde koşmaktır!**"

Siz daha yeni yazışmaya başladığınız için elbette ona, "Bu kızları neden takip ediyorsun?" diye soracak değilsiniz çünkü öncelikle onun sizden ne istediğini bilmiyorsunuz ya da aşağı yukarı tahmin ediyorsunuz ama emin değilsiniz. Ondan bunu duymak ve emin olmak istiyorsunuz.

Laf arasında ona şöyle bir mesaj vermenizi tavsiye ederim:

"Aslına bakarsan ben sosyal medya üzerinden yazışan bir kadın değilim ama senin sohbetin hoşuma gitti. Yine de bilmeni isterim ki ben tek gecelik ilişkilere inanmıyorum. Dolayısıyla mesele buysa bence vakit kaybetmeye gerek yok çünkü ben macera aramıyorum."

Bu mesajdaki üslup gayet net ama itici değil, gayet kararlı ama öfkeli veya agresif değil. Üstelik onun ağzına bir parmak bal çaldınız ve onunla ilgili bir şeyin hoşunuza gittiğini bile söylediniz. Bu durum ona açık kapı bırakmanızı sağladı ancak aynı zamanda sadece iki cümle kurarak kendi çizginizi ortaya koydunuz ve bunu yaparken uzun bir roman yazmanıza gerek kalmadı. Zaten roman yazmayın çünkü erkekler genelde roman okumazlar, bunu vakit kaybı olarak görürler.

37

BİZ FARKLI DÜNYALARIN İNSANLARIYIZ

Kadın erkek ilişkilerinde yaşanan problemlerin temelinde iletişim sorunları yer alır ve bunun sebebi iki cinsin tamamen farklı beyin yapılarına sahip olmasıdır.

Bu bölümde sizlere günlük yaşamda kadınlarla erkekler arasındaki farkları gösteren bazı örnekler vereceğim:

a. Ben günlük yaşamda iş yemeklerinde iki erkeğin masadan kalkıp, "Hadi birlikte tuvalete gidelim," dediğine hiç şahit olmadım. Hatta şöyle derler: "Abi sen git, sonra ben giderim." Oysa kadınlar birlikte tuvalete gidip olan biten her şeyi orada değerlendirmek isterler, bu durumu adeta bir fırsat olarak görürler.

b. Bir ilişkide erkeğin, "Hayatım, sen beni ihmal etmeye başladın," dediğini pek duymadım; mutlaka vardır ama nadirdir çünkü standart bir erkeğin ilişkiden beklentisi, kadının ona ilgi göstermesi değildir; hatta kadın o adamın üzerine ne kadar az gelirse erkek aynı oranda mutlu olur. Erkekler ilişkide belli oranda kendi kafalarını dinlemek ve kimi zaman yalnız kalmaz isterler, bu tamamen yapısal ve erkek beyniyle ilgili bir durumdur, bazen yalnızlık onlara iyi gelir. Bunu talep eden bir erkeğin ille de aldatacağını düşünmek tamamen yersizdir. Oysa bir kadın ilişkide erkeğin onu rahat bırakması durumunda erkek gibi mutlu olmaz, tam aksine erkeğin artık kendisini sevmediğini ve ondan uzaklaşmaya başladığını düşünür.

c. Kadınlar için dinlenmek; bir insana kendini anlatmak, içini dökmek ve o insanın kendini dikkatle dinlemesiyle oluşan durumdur. Oysa erkek için dinlenmek, evinin salonunda ayaklarını uzatıp hiç konuşmadan televizyon izlemek ya da gazete okumak gibi şeylerden oluşur. Erkek dinlenmek için susar ve kimsenin de onu rahatsız etmemesi için Tanrı'ya yalvarır; hatta telefonunu bile açmak istemez ve yalnız kalmayı tercih eder. Bazı erkekler böyle süreçlerde arkadaşlarıyla buluşup sadece susarak vakit geçirirler ve yan yana olmalarına rağmen sessizliği paylaşırlar. Oysa kadınlar bir araya geldiklerinde her şey ama HER ŞEY konuşulur ve bir kadın konuşup içini döktüğü sürece kendini daha iyi hissetmeye başlar.

d. İki kadın arasındaki sessizlik ölümcül olabilir çünkü o esnada akıllarından neler geçtiğini tahmin edebilmek imkansızdır. Normal şartlar altında günlük yaşamda karşılaşmış iki kadının, birbirlerine tamamen yabancı olsalar bile susmaları ve sessizce beklemeleri pek karşılaşılan bir durum değildir; oysa iki erkek sustuğunda bu durum sadece onların bir şeyler düşünmekte olduğunu gösterir ve birbirlerine saygı göstererek sessizliği bozmamak için ellerinden geleni yaparlar. ***Bu sebeple erkekler bir ilişkide sorun yaşamaya başladıkları zaman kadını suçlamak amacıyla, "Başımı şişiriyor," derken kadınlar durumu, "İletişim kuramıyoruz çünkü benimle yeterince konuşmuyor ya da beni dinlemiyor," diyerek anlatır.***

38

BEN SATÜRN'DEKİ KİRAZLIK KÖYÜNDEN GELİYORUM

Biliyorum; erkekler ve kadınlar arasındaki bu farklar size enteresan geldi. Bu durumda birkaç madde daha eklemek istiyorum:

a. Erkekler doğrudan, kadınlar ise dolaylı yoldan konuşurlar. Günlük hayatta erkekler arasındaki iletişim bir anlamda çok güçlüdür çünkü mesajını hiç eğip bükmeden, net bir şekilde karşı tarafa ulaştırır; bu konuda kendini pek yormak istemez. Öte yandan erkekler arasındaki iletişim aslında zayıftır çünkü bazı detayları gereksiz gördükleri için karşı tarafa iletmezler. Oysa kadınlar arasındaki iletişim FBI veya CIA gibi teşkilatları bile kıskandıracak ölçüde detaylı ve yoğundur; bu anlamda kadınlar arasındaki iletişim güçlüdür ancak direkt değildir. Mesajlarını dolaylı yoldan verme konusundaki tercihleri kadınların kendi aralarındaki iletişime zarar vermez çünkü mesajı hemen alırlar ancak bir kadının partneriyle iletişiminde yine dolaylı mesajlar vermesi onu rahatsız edebilir çünkü adam buna alışkın değildir. Erkeklerden şunu sıklıkla duyarsınız: "Ne demek istiyorsun? Bana açık konuş, seni anlamıyorum. Böyle karışık laflar etme, ne istiyorsan direkt söyle."

b. Erkekler kendi aralarında görsel kıyas yapmazlar ancak kadınlar yapar ve hatta bu durum aralarında ciddi problemlere neden olabilir. Örneğin bir erkek katıldığı davette aynı gömleği başka bir adamın üzerinde gördüğünde bunu kafaya takmaz ve hatta umurunda bile olmaz. Oysa kadınlar kıyafet konusunda pişti oldukları zaman alışveriş yaptıkları markayı değiştirmeyi düşünürler ve bir daha uzun süre aynı mağazaya uğramazlar. Aynı kıyafeti giyen diğer kadına gözlerini kısıp bakarlar. Erkekler ise aynı kıyafeti giyen diğer adama bakmayı düşünmezler. Erkekler, "Abi baksana, Harun bugün ne güzel bir takım elbise giymiş" diyerek Harun'u ayakkabılarından gömleğinin yakasına kadar süzmeyi akıl etmez. Kimin nasıl giyindiği bir erkek için dikkat çekici bir detay değildir; erkek sadece kendisi şık, ütülü ve ve hatta eski deyimle janti olmaya özen gösterir. Başkalarının dünyası bir erkek için üzerinde düşünülecek bir durum değildir.

c. Erkekler arasında yoğun bir rekabet vardır, bu durum kendini hemen gösterir ve karşılaştıkları zaman birbirlerine dişlerini gösterirler. Birbirinden hoşlanmayan iki erkek yan yana geldiğinde gerek bakışlarından gerek ses tonlarından nasıl bir nefret duyduklarını görebilirsiniz; oysa kadınlar aynı ortamda nefret ettikleri kadına bile hiçbir şey olmamış gibi gülümseyip koca bir gülümsemeyle, "Hayatım bugün çok güzel görünüyorsun," diyebilirler. ***Bunun sebebi, dünya tarihindeki tüm entrikaların, Hürrem Sultan'dan Roma İmparatorluğu'na kadar her zaman kadınlar tarafından planlanmış olmasıdır ve bunun nedeni kadınların beyin yapısının çok daha karmaşık düşünme kapasitesine sahip olmasıdır. Erkeklerin kullandıkları basit ve direkt düşünce yapısı kadınları asla tatmin etmez.***

39

İLK GÖRÜŞMEDE ALTIN KURALLAR

Kadınlar ve erkekler arasındaki düşünce yapısı farklarını maddeler halinde belirttim, elbette bunların dışında daha milyonlarca fark bulunuyor ancak sadece bunlar bile size yeterince fikir vermiştir diye düşünüyorum.

Şimdi bir sahne düşünelim: Sosyal medya üzerinden ya da sosyal bir etkinlikte bir adamla tanıştınız ve numaranızı istedi.

Ona söylemeniz gereken şudur: "Siz numaranızı verirseniz ben müsait olduğumda arayabilirim." Bu durumda her şeyden önce kontrol sizde olur ve siz ne zaman isterseniz o zaman adamı ararsınız.

Diyelim ki aradınız, görüştünüz ve enerjisi size güven verdi; dolayısıyla görüşme teklifini kabul ettiniz. Sizi güzel bir mekanda akşam yemeğine davet etti, yemeğe hazırlandınız.

Bu arada sizi evinizden alması gerekir mi?

Evet, bunu yapması güzel bir jest olacaktır ancak eğer mekana kendi arabanızla giderseniz daha iyi olur.

Neden mi?

Çünkü bu durumda yine kontrol sizde olur ve kötü geçen bir akşam yemeğinin ardından onun sizi eve bırakmasını beklemek zorunda kalmazsınız, elbette taksiyle eve dönmek de iyi bir seçenek olabilir.

Yemekte erkek sizi dinlemek, dolayısıyla sizi konuşturmak isteyecektir. Erkekler bu konuda pek sıkıntı yaşamazlar çünkü kadınlar çoğunlukla konuşmayı sevdikleri için erkek dinler ve duyduklarını analiz ederek kadınla ilgili bazı sonuçlar çıkarır.

Ne olursa olsun, ama ne olursa olsun geçmişinizden söz etmeyin. İnanın buna hiç gerek yok, eğer ısrarla geçmişteki ilişkilerinizi kurcalamaya çalışırsa kibarca, "Ben geçmişten konuşmayı sevmiyorum, yaşadığım her şeyin arkasındayım ve pişmanlıklarım yok ama sadece yaşadığım anı düşünmek istiyorum," diyerek konuyu kapatın.

"Senin gibi güzel bir kadının nasıl ilişkisi olmaz?" diye sorarsa ona vermeniz gereken ideal cevap şudur:

"Benim kıstaslarım var ve sadece kaliteli bir erkeğe hayatımda yer verebilirim. Eğer karşıma böyle bir adam çıkmıyorsa yalnız kalmayı tercih ederim."

Dikkat ederseniz cevapların hepsi kısa, net ve kararlı. Bu kadar net cevaplara rağmen aynı konuları kurcalamaya çalışan bir erkek saplantılı ve sorunludur. Onu düzeltmeye veya onunla uyum yakalamaya çalışmayın, yemeği yedikten sonra teşekkür edip ayrılın. Daha ilk yemekte hayatınızı didikleyen ve saçma sapan sorular soran bir erkek kesinlikle size göre değildir.

"Uzun zamandır yalnızım, bu adamla bir şekilde oldurmaya çalışmalıyım," ***diye düşünmeyin.***

40

ERKEKLER İLK GÖRÜŞMEDEN SONRA NEDEN ARAMAZ?

Yemek çok iyi geçti ancak bu gizemli adam sizi aramıyor. Aramasını bekliyorsunuz ve normal şartlar altında o kadar iyi geçen bir yemeğin ardından sizi araması ve iletişimi sıcak tutması gerekirdi. Bu adam neyin peşinde? Belli etmese de bu adam bir sırtlan olabilir mi?

Harika geçen bir akşam yemeğinin ardından aramayan erkeğin üç sebebi olabilir:

1. Sizi tanımak istedi ve bir amacı vardı. Bu amaç sizi yatağa atmak ve sabaha kadar çılgınca cinsel bir şeyler yaşamak dışında daha yüce ve insanlık adına

fayda sağlayacak kadar ulvi bir amaç değildi. Sadece cinsellikti, hepsi bu. Bu kitabın önceki bölümlerinde bahsettiğim üzere, bazı erkeklerin tek derdi cinselliktir ve birlikte oldukları her kadınları "skor" olarak görürler. Biz bu erkeklere "Zambiyalı sırtlanlar" diyoruz. Şimdi siz diyeceksiniz ki, "Ama Adil Beycim, bu adam yemek boyunca hiç cinsellik muhabbeti yapmadı, hatta bunu ima bile etmedi. Nasıl olur da benimle cinsel bir şeyler yaşamanın zor olduğunu anlayıp benden uzaklaştı?" Ben de size diyorum ki; herkesin bir uzmanlık alanı vardır. Sırtlanları hafife almanızı tavsiye etmiyorum çünkü onlar hangi kadınla tek gecelik ilişkinin mümkün olduğunu, hangisininse buna asla yanaşmayacağını yaklaşık on beş dakika içerisinde anlarlar. Yemekte söylediğiniz bir söz, verdiğiniz bir cevap veya bir bakışınız bile sizinle tek gecelik ilişki yaşamanın zor olduğunu bu adama göstermiş olabilir. Dolayısıyla yemekten sonra sizi aramamıştır. Hepsi bu.

2. Hiç anlamı olmayan şeyler anlattınız. Örneğin teyzenizin iki gün önce geçirdiği meme ameliyatını ya da abinizin bir adamı dövdüğünü ve bu yüzden geceyi karakolda geçirdiğinizi, sonrasında avukatların abinizi savunmak için sizden yüklü miktarda para istediklerini ve bu konuda çaresiz kaldığınızı anlattınız. Adam daha ilk yemekte bir sürü problemi olan bir kadın

gördü ve bu durum onu korkuttu çünkü hiçbir erkek hayatında kaos olan bir kadınla birlikte olmak istemez. Erkekler genelde, **"Yeterince sorunum var, daha fazlasına ihtiyacım yok,"** diye düşünür. İlk yemekte asla gereksiz bilgiler vermeyin. Konuşmayı seviyorsanız neşeli konulardan bahsedin; örneğin hobilerinizi, geçen yaz tatilinde nereye gittiğinizi ve orada denizin nasıl olduğunu anlatın, ama sorunlardan bahsetmeyin. Emin olun, karşınızda oturan adam kafasını sorunlarıyla ütüleyen bir kadınla tekrar yemeğe çıkmak istemeyecektir.

3. Dominant bir tavrınız var. İşte bu, erkekleri çok rahatsız eden bir durum ve bundan bahseden erkeklerin sayısı her geçen gün artıyor. Daha ilk görüşmeden onun sosyal medya hesabıyla veya sağdan soldan duyduğunuz geçmişiyle ilgili imalarda bulunan sorular sordunuz ve eğer aranızda bir ilişki başlarsa tüm iplerin sizde olacağını anlamasını sağladınız. ***İyi yaptınız, açık oynadınız ancak hiçbir erkek hayatına müdahale edilmesinden hoşlanmaz. Pardon, bazıları hoşlanıyor ancak erkek âleminde onlara "hımbıl deniyor" ki alfa ile sırtlan arasında yer alan vasat bir sınıftan bahsediyoruz.***

41

HIMBIL ERKEK HANGİ GEZEGENDEN GELİYOR?

Madem bu kitapta sırtlan erkekle alfa erkeği açıkladım, yeri gelmişken "hımbıl erkek" kavramını da sizlere açıklamak isterim. Öncelikle "hımbıl erkek"-lik bir yaşam tarzıdır ve bu adamlar dışarıdan naif görünmelerine rağmen kendi içlerinde son derece mutlu mesut yaşamaya devam eder; hatta bazılarında özgüven tavan yapmıştır ve kendilerine alfa erkek görüntüsü vermek konusunda yetenekli oldukları söylenebilir.

Eskiden "Doğan görünümlü Şahin" derlerdi, işte hımbıl erkek de bu şekilde alfa erkek görüntüsü vermeye çalışır.

Bu adamları nasıl tanıyabilirsiniz, ortak özelliklerini size aktaralım:

1. Ne istediğini asla bilmez. İlişkide her şey yolundayken ve dışarıdan bakıldığında son derece mutlu görünürken aniden, "Ben ciddi ilişki istemediğimi fark ettim", "Ne istediğimi ben de bilmiyorum," vb. kadın beynini dumur eden açıklamalar yaparak ilişkiye imzalarını atarlar. "Yavrum şimdi ne oldu, neden böyle davranıyorsun, dün gece rahat uyumadın mı sen," diye sorulduğu zaman o kadar depresif ve belirsiz bir ruh halleri olur ki birkaç gün sonra sizi arayıp yeniden başlamak isterler. Yaptıkları saçma sapan açıklamaların bir kadını ne kadar etkilediği ya da kadının duygu dünyasında nasıl bir tahribat yarattığı konusunda en ufak bir fikirleri yoktur çünkü bunu umursamazlar. Onların derdi bir ilişkide mutlu olmak ya da huzur bulmak değildir ama hedeflerini sorduğunuzda onlar da bilmediklerini açıkça söylerler. Duygusal dengesizlikleri, dikkat çeken ilk özellikleridir.

2. Onların yanında kendinizi asla güvende hissetmezsiniz. Yıllardır kadınlarla çalışan bir ilişki koçu olarak, bir ilişkide güvende hissetmenin sizler için ne kadar önemli olduğunu gayet iyi biliyorum; dolayısıyla hımbıl erkek ile ilişki yaşayan bir kadın bu duy-

gudan her zaman mahrum kalacaktır. Birkaç örnek verelim: Sizi yemeğe götürür ancak hesap geldiğinde ortadan kaybolur, bulunduğunuz ortamda bir kavga çıktığında bir bakarsınız, hımbıl size haber bile vermeden kaçıp gitmiş, toz olmuş. Her zaman kendini düşür ve yanındaki kadını korumak gibi bir düşüncesi yoktur.

3. Yönlendirmeye açıktır, dominasyona ise tamamen açıktır. Kadının ona kötü sözler söylemesi, kendisine hakaret etmesi hımbıl erkek için hiç sorun değildir; hatta bundan hoşlanırlar. Bir kadın domine etmeyi seviyorsa hımbıl erkek onun için en ideal erkektir; kendisine söylenenleri yapar ve kadının emirlerini uygular.

4. Ana kuzusu olurlar. Bu adamlar anneleri tarafından emir-komuta zinciri içerisinde yetiştirilip yoğun bir dominasyona maruz kalır. Dolayısıyla birlikte oldukları kadında da aynı özellikleri aradıkları görülür. Hayatına alacağı kadın, yeri geldiğinde onu yönlendirmeli ve kararlarına müdahale etmelidir.

"Bu erkekleri kim sever," diye düşünmeyin; her ürünün bir alıcısı vardır. Genel olarak ilişkilerinde anaç sevgiyle hareket eden aslan, oğlak, yay, başak ve balık burcu kadınlarının hımbıl erkek sevdiklerini söyleyebiliriz.

42

ERKEKLER NE İSTER?

Bir ilişkinin sağlam olmasını ve uzun sürmesi, iki taraf arasındaki anlayışla mümkün olur. Anlayış demek, sadece anlayışlı olmak demek değildir; aynı zamanda o insanı anlamak ve onunla empati kurabilme yeteneğine sahip olmak demektir.

Bir erkeği anlamak için bir ilişkide talep ettikleri beş beklentiyi aktarmak istiyorum, eğer bunları anlarsanız erkekleri de anlamış olursunuz. Bu arada sırtlanların ne istedikleri belli olduğu için onlar konumuzun dışında kalıyor. Biz burada tek amacı cinsellik olmayan normal bir erkeği anlatalım:

1. Uyum: Bir erkeğin ilk beklentisi, sevgilisinin kendisiyle uyumlu olmasıdır. İlişkisinde mutlu olan erkeklerden her zaman bunu duyarım: "Benimle çok uyumlu" ya da "Bana her konuda uyum sağlıyor". Emin olun, erkekler her şeyden önce buna bakar. Kadınların bir erkekte ilk aradıkları özellik, çoğunlukla, ilgili olmasıdır; erkeklerin kadında ilk aradıkları özellik ise uyumlu olmasıdır.

2. Destek: Bir erkek, ilişkisinde sevgilisinin ona her konuda destek olmasını ister, herhangi bir konuda kadının sağlam bir şekilde arkasında olduğunu hissetmediği anda artık o ilişkiyi bitirmek için planlar yapmaya başlar. Günlük hayatta diğer insanlarla mücadele halinde olan ve ailesine bakmaya çalışan bir adam için evinde kendisine destek olmayan ve onun verdiği mücadeleyi görmeyip sürekli eleştiren bir kadın en büyük ayrılık sebebidir.

3. Sadakat: Elbette bu madde erkekler için en önemli maddedir çünkü erkekler kendilerine sadık olmayan bir dost, arkadaş ya da herhangi bir insanı yanlarında görmek istemez. Gerek iş hayatında gerekse özel hayatta erkekler her zaman sadakatten bahsederler.

4. Tamamlanma: Bu noktayı şöyle açıklayalım: Bir erkek, beyin yapısı gereği kadın kadar detaylı ve karmaşık düşünemez. Ayrıca kadın gibi organize ve

pratik değildir. Kadınların bir evi ya da bir adamı çekip çevirmeleri onlar açısından son derece basit bir olaydır; oysa erkek için bırakın bir evi toparlamak, kendi arkasını toplamak bile büyük bir meseledir. Sürekli seyahat eden elli yaşlarında bir adamın bile bavulunu eşi hazırlar çünkü adamın hayatındaki gizli düzeni sağlayan, eşidir.

5. Cinsellik: Her erkek bunu arar. Eğer önceki dört maddenin ardından bu maddeyi de arıyorsa bu adam normal bir erkektir; ancak sadece bunu arıyorsa SIRTLANDIR.

43

ERKEKLER HANGİ KADIN İLE CİDDİ İLİŞKİ DÜŞÜNÜR?

Erkekler arasında konuşulan ve aslında benim hiç hoşuma gitmeyen bir sınıflandırma vardır:

"Evlenilecek kadın ve eğlenilecek kadın."

Her ne kadar hoşuma gitmese de bu konuda erkekleri suçlayamıyorum çünkü bazı kadınlar daha ilk görüşmeden itibaren ortaya koydukları davranışlarıyla yok yere eğlenilecek kadın imajı çizerler.

Oysa bir erkeğin gözünde evlenilecek kadın olmak o kadar da zor değildir ve bunun için dikkat etmeniz gereken dört davranış biçimi vardır:

a. Daha ilk görüşmede erkeğin teklifi üzerine cinsellik yaşayan bir kadın, ister istemez erkeğin gözünde kolay bir kadın olarak konumlandırılır. Cinselliğini istediği gibi yaşayan insanları yargılamak kimsenin haddine değildir; öte yandan, erkek dünyasında bu durumun nasıl algılandığını sizlere aktarmak istiyorum. Erkekler avcı ruha sahiptir ve en azından bir süre kovalamak hoşlarına gider; ayrıca bu kovalama sürecinde kadın sempatik tavrını sürdürür ve biraz da cilve-naz dengesini (bir sonraki bölümde sizlere anlatacağım) sağlarsa erkek böyle bir kadına bayılır. Cinsellik asla yaşanmamalı demiyorum çünkü cinsellik, kadın erkek ilişkilerinde dört bacaklı bir masanın iki ayağını oluşturur. Yani cinselliği çıkardığınız zaman bu ilişki arkadaşlığa ya da dostluğa dönüşür. Ten uyumu ve cinsellik mutlaka olmalıdır ancak ilk aşamalarda ve özellikle ilk otuz gün bundan uzak durmanızı sizlere tavsiye ederim; "sırtlan erkek" beklemez ve uzaklaşır ancak ciddi ilişki arayan bir erkek bu durumdan hoşlanır ve sizi daha fazla merak etmeye başlar. İşin sırrı şurada: Bu süreçte belki cinsellik olmayacak ancak keyifli ve neşeli sohbeti kesmeyin, sizinle ne kadar güler ve güzel vakit geçirirse aynı oranda da bağlanır ve bunu bir ilişkiye dönüştürmek için mücadele eder.

b. Prensiplerinizi ortaya koyun. Kaliteli ilişki yaşamak isteyen her kadının standartları vardır ve bunu erkeğe hissettirir; bazı yerlerde laf arasında ima eder ya da direkt söyler ama o adam bir şekilde bu kadının kendine göre bir tarzı olduğunu anlar. Sadece bir tarzınızın olması bile erkeklerin gözünde sizi yukarıda bir noktaya koyacaktır çünkü emin olun, kendi tarzını bulabilmiş ya da prensiplerini erkek arkadaşına kabul ettirebilmiş kadınların sayısı oldukça azdır.

c. Soru sormaktan asla çekinmeyin. Bu noktaya dikkat! Yaptığım seanslarda yıllar içerisinde şunu fark ettim: Sevgilisiyle ilgili sorunlarını bana aktaran bazı kadın danışanlarıma, "Size neden böyle davrandığını ona hiç sordunuz mu?" dediğimde bana hiç beklemediğim bir cevap verdiklerini fark ettim: "Hayır, tepki gösterir diye sormadım." Bazı kadınlar, en basit soruları bile sormaktan çekinir ve sessiz kalmayı tercih eder; işte bu hataya asla düşmeyin. Eğer aklınıza takılan bir konu varsa mutlaka sorun, buna kaba bir üslupla yanıt veriyorsa sakın korkup geri çekilmeyin; tam tersine, "Tamam, daha sakin olduğun bir anda konuşalım ama bu konuyu mutlaka konuşacağız canım," diyerek konuyu kapatın.

d. Üslup. En ağır kelimeleri bile güler yüzle ve sakin bir tavırla söyleyin. Erkekler bu durumdan çok etkilenir çünkü kavga etmeden ve ona dominasyon uygulamadan sadece zarafetle sorduğunuz zaman size kaba davranmak için hiçbir sebep bulamaz ve

mecburen susmak veya aynı üslupta cevap vermek zorunda kalır.

44

ARABA KULLANMAYI BİLİYOR MUSUNUZ?

Küçük yaşlardan itibaren araba kullanmayı öğrenen her insan gaz ve fren dengesini ezbere bilir; işte cilve-naz dengesi de aynen bunun gibidir. Eğer doğru şekilde yapamazsanız uçurumdan yuvarlanabilirsiniz ya da asla hareket etmeden yerinizde patinaj yaparsınız.

Bazı kadınlar cilve yapmayı bilmez ya da kendisine yakıştıramaz.

"Ben asla bir erkeğe adım atamam," ya da "Ona ilgi duyduğumu hissettiremem," diyen bu kadınlara küçük bir hatırlatma yapmak istiyorum. Eski dönemlerde durum pek farklı değildi, sokakta yürüyen bir kadının elinde kendisini güneşten koruyan şemsiyesi bulunurdu. Eski Türk filmlerinde bu sahneler vardır, yürürken arkasından gelen ve tek amacı bir fırsat yakalayıp bu kadınla konuşmak olan adama bir sinyal vermesi gerektiği için elindeki mendili yere düşürür.

Sonra ne olur?

Onu takip eden adam yerdeki mendili alıp kadına seslenir ve mendili verme bahanesiyle onunla tanışır.

Yukarıdaki örnekte kadın kendince bir sinyal vermiş ve ardından erkek adım atmıştır.

Bazı kadınlar erkeğe sinyal verme konusunda çok iyidirler ve bunu o kadar ustaca yaparlar ki erkek gerçekten de bu kadınla ilişki yaşamak ister çünkü şöyle düşünür: "Bende bir duygu uyandırma konusunda bu kadar başarılı olan bir kadın muhtemelen bir ilişki içerisinde beni çok mutlu edecektir."

Bir örnek verelim: Ofiste iletişim halinde olduğunuz bir adam var ve fakat size açılamıyor. Kadınlar hisseder, siz de onun bakışlarından ve yaklaşım tarzından sizinle ilgilendiğini anlıyorsunuz ancak bir türlü harekete geçemiyor. Reddedilme korkusu erkek âleminde Fredy'nin kâbusu gibidir; bu korkuyla baş edemeyen çok sayıda erkek tanıdım. Dolayısıyla sizin de ilginizi biraz belli etmeniz yerinde olacaktır çünkü adım atmak için sizden sadece ufak bir sinyal bekliyor olabilir.

Onunla her zaman karşılaştığınız kahve makinesinin yanında yine havadan sudan konuşurken, "Biliyor musun, gerçekten kafa dengi bir adamsın. Geçende seninle bir ilişkimiz olsaydı enteresan bir çift olabileceğimizi düşündüm," diyorsunuz ve sonra başka bir şey anlatmaya başlıyorsunuz. Ondan bir cevap veya yorum beklemeden sadece ona sinyal verip konuyu kapatıyorsunuz. Son derece etkilidir.

"Ben erkeğe hiçbir adım atmam, her şeyi onlar yapsın," diyen kadınlara cilve konusunda pek bir şey söyleyemem, bence bu konu onların ilgisini çekmeyecektir.

Öte yandan naz ise frendir. Mesela bu adam ona verdiğiniz sinyal üzerine sizi yemeğe, ve ardından da evine davet etti; işte burada naz yapmalısınız: **"Tamam, 'Enteresan bir çift olabiliriz,' dedim ancak, 'İlk günden evine gelirim,' demedim, lütfen abartmayalım canım,"** ***diyerek gülümsemeniz yeterli olacaktır.***

Cilve yapmak; bir erkeğe sinyal verirken yine de mesafeli olabilme sanatıdır.

Naz yapmak ise; bir erkeğe hayır derken yine de sempatik olabilme sanatıdır.

45

BİR ERKEĞİN SENDEN HOŞLANDIĞINI NASIL ANLARSIN?

Görünen o ki cayır cayır konulara girmiş bulunuyoruz.

Tanıştığınız veya yakın çevrenizde bulunan bir adamın sizden hoşlandığını gösteren bariz veya dolaylı davranışları olacaktır.

Ne gibi?

1. Bakışlarını yakalarsınız: Bu adam olur olmadık yerde size bakıyorsa bunun tek bir açıklaması olabilir: Sizi beğeniyor ve sizinle yakın iletişime geçmek

istiyor. Başka hiçbir açıklaması olamaz.

2. Sizinle sohbet etmeye çalışıyor: Ofiste veya arkadaş çevrenizdeki bu adam, en alakasız ve uygunsuz anda bile yanınızda beliriyor ve sizinle aslında sizi hiç ilgilendirmeyen konularda sohbet etmeye çalışıyor. Bunu yaparken biraz beceriksiz ve heyecanlı, konuşurken neden bahsettiğini o da bilmiyor fakat amacı size yakın olmak ve onun gözlerine baktığınızda bunu hissediyorsunuz. Havadan sudan veya sabah yoldaki trafikten bahsederken sizinle yakınlaşmak dışında hiçbir amacı yoktur. Erkekler ilgilenmedikleri bir kadınla bırakın iki çift laf etmeyi, ona "günaydın" demeyi bile düşünmezler.

3. Sizi güldürmeye çalışıyor: Ofiste, toplantılarda gördüğünüz o ciddi adam gitmiş, yerine adeta bir stand-up komedyeni gelmiş; kurduğu her cümlede tek amacı sizi güldürmek ve bunu başarabilmek adına garip jestlerle mimikler yapıyor, elini kolunu kaldırıp indiriyor. Aslında amacı size zekasını göstermek çünkü bir insanı güldürmek aynı zamanda o insana kendi zekasını kabul ettirmek anlamına gelecektir; bu durumda mizah bir anlamda erkeğin zekasını gösterir ancak hiçbir zaman tek başına yeterli değildir. Aynı zamanda kadının kimyasal olarak da o erkekle arasında bir çekim hissetmesi gerekir. Adam şimdilik güldürme aşamasında, kimyasal çekim falan

onun aklında yok; "Önce güldürüp sonra kendime âşık ederim," diye düşünüyor olabilir.

4. Kendini size güçlü göstermeye çalışıyor: Haftada kaç gün spor salonuna gittiğinden ya da geçen hafta sonu evinin yakınındaki parkta kaç saat koştuğundan bahsediyor. Son aylarda beş kilo verdiğini söyleyen bir erkek kadına fit olduğunu ya da yakında çok fit olacağını söylemektedir; erkekler arasında göbeksiz ve fit adamların kadınların gözünde daha çekici oldukları yönünde bir söylenti vardır. Ayrıca bir erkek kilo verdiği zaman yatakta performansı yükselir ve düzgün fiziğini kullanarak kadının bilinçaltına bu mesajı vermeye çalışır.

5. Bir işe yaramaya çalışıyor: Onunla sohbet ederken laf arasında son günlerde yaşadığınız bir problemi anlattınız; bunu duyar duymaz size fikirler vermeye başladı ve hatta yanınızda sağı solu arayıp görüşmeler yaptı, konu bir anda çözüldü. Bir erkek, kadına yardımcı olarak ona kendini beğendirmeye çalışır, aynı zamanda işe yarar olmanın kadınlar açısından ne kadar çekici olduğunu her erkek bilir. **"Ben her işimi kendim halledebilirim,"** ***diyen bir kadın ise hiçbir erkek için çekici değildir. Evet, güçlü ve bağımsız olun ama hayatınızdaki erkeğe de güçlü ve sizin için önemli olduğunu hissettirin.***

46

ERKEKLERİ EN ÇOK ÜRKÜTEN KADIN DAVRANIŞLARI

Kadın-erkek ilişkilerinde ortaya konan bazı davranışlar ürkütücü gelebilir; örneğin bir sırtlanın kadına sürekli cinsellik muhabbeti yapması ve cinsellik dışında hiçbir amacı olmaması kadınlar açısından ürkütücü olacaktır. Ya da akşam yemeği sonrası, "Alman hesabı ödeyelim," diyen bir adam kadın açısından ürkütücü olabilir, "Bir yemeği bile ödeyecek durumun yoksa beni neden akşam yemeğine davet ettin," diye sormakta bana kalırsa kadınlar tamamen haklıdır.

Öte yandan hayatına alacağı kadınla ciddi ve düzeyli bir ilişki yaşamak isteyen erkeklerin, iyi giden bir ilişkide bazı davranışları görüp aniden çekildiklerine şahit oldum ve onları ürküten bu davranışları incelediğim zaman kısa bir liste oluşturdum:

a. Fevrilik: Erkekler arasında sıklıkla konuşulan mesele budur. Bir kadının fevri davranması ve ortalığı ayağa kaldırması erkek açısından anlaşılır bir durum değildir. Bunun en büyük sebebi, kitabın başlarında bahsetmiş olduğumuz farklı beyin ve düşünce yapılarından ileri gelmektedir. Erkekler kadınlar kadar hızlı duygu üretemezler ve aynı şekilde olaylar karşısındaki duygusal tepkileri de kadınlar kadar yoğun değildir. Bu nedenle bir kadın fevri tepkiler verdiği zaman erkeğin bunu algılaması imkansızdır. Fevriliğe örnek verecek olursak: Küçük bir tartışmanın ardından erkek arkadaşının kendisiyle aynı fikirde olmamasına sinirlenen ve ona çok sert bir mesaj attıktan sonra her yerden engelleyen bir kadın, erkeğin gözünde maksimum derecede fevri bir kadındır. Ani kararlar, ani tepkiler, hiç düşünmeden söylenen ani sözler erkekler açısından anlaşılır değildir. Tartışma sonrasında erkek daha neler olup bittiğini düşünürken kadın onu her yerden engellemiş ve yoğun tepkisini göstermiştir. Bu çeşit beklenmedik ve aşırı hızlı tepkiler bir erkeği ürkütür ve ilişkiden uzaklaştırır.

b. Israr: Bu madde erkekler için bir kabustur, özellikle tartışmaların ardından konuyu o an için kapatmak ve soğutmak isteyen bir erkek danışanın bana söyledikleri şöyleydi: "Abi, ben hayatımda böyle bir şey yaşamadım. Kız arkadaşımla telefonda görüşürken birden tartışmaya başladık ancak ben o anda öfkeli değildim. Sonrasında bana telefonda bağırmaya başladı ve ben konuyu uzatmamak adına, 'Tamam, sonra konuşalım, şimdilik bu konuyu kapatalım,' dedim, tek amacım onu biraz sakinleştirmekti. Üstelik ertesi gün aynı konuyu daha kolay bir şekilde çözebilirdik, baktım ki konuyu kapatmıyor, ben telefonu kapatmak istedim ve onun yüzüne kapatmamak için başka konular açtım. Onu güldürmeye çalıştım, şakalar yaptım ancak sakinleşmedi. Sonra bir şekilde konu kapandı sandım ve, 'İyi geceler,' dedikten sonra telefonu kapadık. Yarım saat geçti geçmedi, kapım çaldı. Kız gece vakti kalkmış gelmiş, 'O konuyu hemen şimdi konuşacağız,' diye ısrar ediyor.

c. Hiçbir sebep yokken fake hesaptan mesaj atarak sanki başka bir kadınmış gibi konuşulması ve hayatının didiklenmesi, bir erkeği son derece ürküten ve kafasında soru işaretleri yaratan davranışlardan biridir. Erkekler dolaylı yollardan denetim altında tutulmayı ve özellikle de arkadan iş çevrilmesini

sevmez. Bu fake hesaptan izlenmek konusunu büyüten ve ilişkisini bitiren yüzlerce erkek gördüm. Bana bu sebeple başvurup yardım isteyen kadınlar neden bu kadar ufak bir konunun ilişkilerini bitirmiş olabileceğini bilmiyorlardı. Oysa bir erkek şöyle düşünür: "Bana farklı yollardan ulaşıp farklı biriymiş gibi mesajlar atan bir insanın aklından acaba başka hangi düşünceler geçiyor olabilir?"

47

ARKADAŞLIKTAN SEVGİLİ MODUNA GEÇİŞ VAR MIDIR?

Ben kadınların uzun süredir arkadaş oldukları bir adama daha sonra sevgili gözüyle bakmaya başladıklarına pek şahit olmadım çünkü bir kadın daha tanıştığı anda, neredeyse ilk üç dakika içerisinde, bir adamı kodlar ve eğer ona karşı bir çekim hissetmiyorsa ileride bunu hissetmesi pek kolay olmayacaktır. Elbette tersi yönde yaşanan deneyimler vardır ve bazen yıllar sonra bile sevgiliye dönen arkadaşlık ilişkileri olabilir.

Öte yandan, erkeklerin böyle bir durum yaşamaları daha olasıdır.

Bir erkek uzun zaman arkadaş kaldıktan sonra bir kadına karşı yakınlık hissetmeye başlayabilir, bu durumda büyük bir ikilemle karşı karşıya kalacaktır; "Eğer hislerimi söylersem, bir ilişki yaşar ve sonrasında ayrılırsak arkadaşlığımızı da kaybeder miyiz?"

Bazı adamlar bunu göze almak istemez ve kadına duygularını açmak yerine arkadaş olarak devam ederler ancak yakın temasta oldukları için kadın bu arada başka ilişkiler yaşadıkça adamın canı yanmaya başlar ve ikilemde kalır. Bir tarafta arkadaş olarak kendisiyle çok uyumlu bir ilişki içerisinde olan kadın, aynı zamanda hayatında yer almasını istediği bir kadına dönüşür.

Fakat bu geçişi yapabilmek pek kolay değildir.

Bana çok gelen bir soru olduğu için bu kitapta değinmek istedim. İlişkilerdeki binlerce soruyu tek bir kitaba sığdırmak mümkün değil ancak bu kitapta öncelikli konuları sizlerle paylaşmayı tercih ediyorum.

Eğer arkadaşınızdan hoşlanıyor ve onunla ilişki yaşamak istiyorsanız yapmanız gereken iki hamleyi kısaca yazıyorum:

a. Bir karar verin: Hayatta her hamle, her karar ve her davranış kendince bir risk taşır ama bu riski almadan yaşama devam etmek mümkün değildir. İşin enteresan tarafı, hayat risk almayı sevmeyen ve bundan kaçınan insanları her zaman daha zor kararlarla baş başa bırakır; öyle bir an gelir ki mutlaka bir karar almak zorunda kalırlar. İşte arkadaşlıktan aşka dönerken de bu keskin virajda mutlu olamayıp elinizdeki arkadaşlığı da kaybetme riskini almak zorundasınız çünkü eğer o insanın başkasıyla olması fikri bile sizi rahatsız ediyorsa ona ciddi duygular besliyor olabilirsiniz. Bir karar verin ve uygulayın, ona duygularınızı hissettirin ama bu konuda kesinlikle ısrarcı olmayın. Eğer samimiyetinizi göstermek istiyorsanız onunla ilişki yaşamak istediğinizi söyleyin ve hemen geri çekilin. Bu konudaki kararı o versin; hislerinizi ona söylemek bile sizi rahatlatır ve hafifletir.

b. Duygularınızı ona açtıktan sonra sanki hiçbir şey olmamış gibi arkadaşça sohbet etmeyi ve ona akıl vermeyi bırakın. Örneğin, onun başkasıyla gittiği ilk akşam yemeğini size anlatmasına izin vermeyin. Aksi halde sizin duygularınıza inanmaz. **"Ona yakın olmak için bana anlattıklarını dinliyorum ancak bunları dinlerken adeta kan kusuyorum,"** ***diyorsanız, size acı veren bu durumdan uzaklaşın ve duygularınızdan dolayı arkadaşlığınıza devam edemeyeceğinizi söyleyin. Bir erkek danışanıma bunu uygulaması için ısrar etmiştim ve bunu yaparak arkadaşı olan kadından uzaklaştığı zaman kadın bu adamın duygularında gerçekten samimi olduğunu görüp ona olan yoğun sevgisini anladı. Bu gerçek sevgiyi hissetmek ve adamın ciddiyetini***

görmek muhtemelen kadını etkiledi ve aralarında halen devam eden güzel bir ilişki başlamış oldu.

48

GÜVENİLİR BİR ERKEĞİN ON ÖZELLİĞİ NELERDİR?

Bir erkeğin güvenilir olup olmadığını anlayabilmeniz için maddeleri detaylı bir şekilde sıralıyorum. Bu arada onu tanımak için birlikte en az altı ay geçirmenizi öneririm çünkü sadece on beş gün önce tanıştığınız ve birkaç defa kahve içtiğiniz bir adam size nasıl bir imaj çizerse çizsin, onun güvenilir olup olmadığını asla anlayamazsınız.

Bazı erkekler kendilerini saklama konusunda son derece yeteneklidir ve onların gerçek yüzünü gördüğünüzde buna inanmak istemezsiniz. Birçok insanı aslında rahatsız eden durumu ise şöyle açıklayabiliriz: İlişkide partnerinin aniden farklı bir yüzünü görmek kişiyi rahatsız etmez; bunu daha önce görememiş olması onu gerçekten rahatsız eder. Dolayısıyla insanlar en çok da kendi algılarına güvenlerini kaybettikleri için büyük hayal kırıklığı yaşarlar.

Bir erkeğin güvenilir olduğunu gösteren davranışları sıralayalım:

1. Başkalarının yanında size saygılı davranır ve sizi yüceltir. İnsanların yanında size asla kötü söz söyletmez, baş başayken tartışabilirsiniz ancak diğer insanların yanında asla böyle bir davranışta bulunmaz.

2. Sizinle dertlerini paylaşan bir adam size kalbini açan bir adamdır, bu anlamda güvenilir olduğunu söyleyebilirsiniz.

3. İşlerinizde veya sorunlarınızda destek oluyorsa bu, size önem verdiği anlamına gelir; sizinle gelecek düşünmeyen hiçbir erkek sorunlarınızla uğraşmaz.

4. Size sorular soran ve aile ilişkilerinizi merak eden bir erkek yine sizinle gelecek düşünen ve aile yapınızı çözmeye çalışan bir erkektir. Bu adamın aniden ortadan kaybolup sizi terk etme ihtimali düşüktür çünkü bir erkek aile yapınızı merak etmeye başladığı anda aklındaki soru kendi ailesiyle sizin aileniz arasındaki uyum olacaktır. Bunu anlamak için size sorular sorar.

5. Söylediklerini yapıyor mu? Bir erkeğin söylediklerine değil, yaptıklarına bakmanızı tavsiye ederim; bazı adamlar söylemde çok güçlü ve etkileyici olabilir ancak yaptıkları, söylediklerine asla yetişemez. Üstelik bu adamlar, söylemlerine devam ederek size sürekli havuç gösterirler. Tek amaçları, sizi ilişkinin içinde biraz daha tutarak süreyi uzatmaktır ama bunun ötesinde, ciddi bir planları olmadığını zaman içinde anlarsınız.

6. Evlilik konusunu açıyor ancak en ufak bir hamle yapmıyorsa bu adamın kesinlikle güvenilir olmadığını anlamanız gerekir. Bir erkek size evlilik konusunu açtığı anda ciddi bir sorumluluk aldığını bilir ve eğer evlenme niyeti yoksa bu konuyu açarak sizi etkilemesi iyi niyetli bir davranış değildir çünkü evlilik, kadının algısında fazlasıyla önemlidir.

7. Sizden para isteyen ve borç alan bir erkeğin sizin dışınızda borç alabileceği başka kimse yok mu? Bu durum size inandırıcı geliyor mu? Güvenilir bir adam asla borç para istemez.

8. Sosyal medyadan herkese yazan veya herkesi ekleyen bir erkek güvenilir değildir.

9. Arkadaşlarına öncelik veren ve sizi ikinci plana atan bir erkek güvenilir değildir.

10. Sizin yanınızda garsonla, valeyle veya arkadaşlarınızla sürekli tartışmaya giren ve sizin dışı-

nızda herkese agresif davranan bir erkek güvenilir değildir. Yakında size de agresif davranmaya başlar.

49

İLİŞKİLERİNİZDE NARSİST İNSANLARDAN UZAK DURUN

Elinizde tutmakta olduğunuz bu kitabı bitirmeden önce iki konuyu daha sizlerle paylaşmak istiyorum. Günlük hayatta, gerek iş gerekse sosyal çevrenizde, bugünkü moda tabiriyle narsisist insanlar karşınıza çıkabilir. Bu insanların size yaklaşıp enerjinizi ne kadar aşağıya çekebileceklerini asla bilemezsiniz çünkü kene gibi yapışır ve adeta kanınızı emerler. Bazıları bütün bu kötü özelliklerine rağmen yine de size kendilerini sevdirmeyi başarırlar ve gerçek yüzlerini göstermemek için ellerinden gelen her şeyi yaparlar fakat bu insanları ayırt etmenize yarayacak belirgin özellikleri vardır. İşte şimdi bu özellikleri iletiyorum:

1. Bu insanla yapacağınız herhangi bir tartışmada amaçları kesinlikle sorun çözmek değildir; sizi kırmak ve enerjinizi düşürmek isterler. Bir tartışmada karşınızdaki insan sorun çözmek istiyorsa, aranızdaki sorunu çözmek için nasıl iyi niyetle çaba gösterdiğini hemen fark edersiniz, kendini belli eder. Oysa narsisist bir insan size en yakın noktada yer alsa bile asla duygudaşlık yapamaz ve ortak bir hedef için sizinle aynı motivasyonu hissetmez. Onun tek yaptığı, sizi sürekli iğneleyip canınızı sıkmak suretiyle enerjinizi düşürmektir. Bir tartışmada aniden sarf ettiği bir kelime, sizinle beş sene öncesinden kalan bir hesabı veya nefreti olduğunu size gösterebilir ancak bazıları bu hatasını ustalıkla örter ve aslında size karşı hiçbir kötü niyeti olmadığını garanti ederek rahatlamanızı sağlar.

2. Bir insanın narsisist olup olmadığını anlamak için herhangi bir konuda onu eleştirin ve bunu kibar bir şekilde yapın. Ne kadar kibar söylerseniz söyleyin; o sizden nefret edecek ve bu eleştiriyi bir saldırı olarak algılayıp size saldırmaya başlayacaktır. Bu insanların savunma mekanizması çok hassastır ve dışarıya gösterilen muazzam özgüvenin altında aslında

en ufak bir eleştiriyle çökecek değersizlik sendromu yer almaktadır.

3. En sevdikleri yöntem, istediklerini elde etmek için sıklıkla tercih ettikleri mağdur edebiyatıdır. Örneğin Türkiye'de ilişkilerde mağdur edebiyatı her zaman kullanılıyor, oysa İtalya'da mağdur edebiyatı yapmak işe yaramaz çünkü insanlar kendini mağdur gösteren biriyle duygudaşlık kuramaz. Mağduru oynayan insanın zavallılığı konusunda kendini ona yakın hisseden ve kendini o insanın yerine koyan başkaları bu insana destek olmaya başlar. Dolayısıyla bir toplumda ne kadar insan kendini mağdur olarak görüyorsa, mağdur edebiyatı yapan insan da ilişkilerinde aynı ölçüde başarılı olacaktır.

4. Sadece çok kırdıktan sonra sevgi gösterir, yani adeta sevgiye muhtaç bırakır ve sonrasında karşı tarafı yeterince üzdüğünü hissettiği anda ağzına bir parmak bal çalma yöntemiyle aniden ona destek olmaya başlar.

5. Bu insanların en büyük özelliği ise, sizin başarınızdan rahatsız olmalarıdır. Asla sizin adınıza sevinmez ve hatta siz başarılı olduğunuz sürece gizliden gizliye size karşı diş bilemeye devam eder. Bunu fark ettiğiniz anda o insanları çevrenizden uzaklaştırmanız hem yaşam enerjinizi yükseltir hem de özgüveninizi yeniden kazanmanızı sağlar.

50

EVLİLİK ANALİZİ NEDİR?

2020'nin başından itibaren tüm dünyada yaşanan gelişmeler insanları oldukça yordu ama aynı zamanda yeni bir döneme girmekte olduğumuzu da bizlere gösterdi. Bu dönemde gerek ilişkiler gerekse evlilik kurumunda bazı yenilikler olacaktır; ben, çoğunluğun aksine, sağlam ilişkilerin sayısının artacağını ve özellikle evliliğin yeniden trend haline geleceğini düşünüyorum çünkü insanlar güvenebilecekleri bir ilişkiye her zamankinden daha çok ihtiyaç duymaya başladı.

Sırtlanlar hiç ayrım gözetmeden her kadına yürüyen canlılar olsalar da onlar bile son dönemde tedirgin bir şekilde köşelerinde beklemeye başladılar çünkü normal şartlar altında tanıştığı bir kadınla aynı gün ilişki yaşamak isteyen ve sağlığını düşünmeyen bir sırtlan, bu sürecin sonunda iyice tanımadan kimseyle yakınlaşmak istemiyor ve daha tedbirli davranmaya çalışıyor.

Madem evlilik daha çok tercih edilen bir kurum haline gelmeye başladı, o zaman en önemli soruyu sormalıyız: ***Birlikte olduğunuz insanı evlilik açısından nasıl analiz edersiniz?***

İnsanlar satın alacakları bir araziyi, evi ya da arabayı almadan önce haftalarca, hatta bazen aylarca analiz ederler, buna "yatırım analizi" denir. Etraflıca düşünmeden ve o bölgedeki uzmanlardan fikir almadan satın almak istemezler, aslında yaptıkları son derece doğal bir hamledir çünkü bu yatırımdan zarar etmek istemezler.

Mal veya hizmet alırken bu kadar dikkatli olan insanların, hayatlarına alacakları insan konusunda aynı şekilde tedbirli davranmamaları beni her zaman şaşırtmıştır çünkü manevi kayıplar bir insana maddi kayıplardan çok daha fazla zarar verebilir. Üstelik kötü bir evliliğin ardından yaşanan boşanmanın insan ruhu üzerinde yarattığı tahribat, ilişkilerini seneler boyunca etkileyebilir.

Evlilik analizi işte bu yanlış tercihleri engellemek için yapılır ve 51 sorudan oluşan bir testtir. Bu testte yer alan sorulara verilecek objektif ve net yanıtlar, birlikte olduğunuz insanın evlilik için uygun biri olup olmadığını ortaya koymaktadır.

Şunun altını çizmekte fayda var: Bazı insanlar ilişki aşamasında en ideal partner olabilir çünkü sevgili kimliği onlar için uygundur ancak evlilik gibi büyük sorumluluk isteyen bir sahne içerisinde onlara eş kimliğini verdiğiniz zaman bunu taşıyamazlar çünkü bu sorumluluk onlara ağır gelir. Dolayısıyla, "Biz sevgiliyken çok iyiydik ancak evlilikte mutlu olamadık," diyenlerin bizlere anlatmak istedikleri bir mesaj olduğunu unutmayalım.

KENDİME NOTLAR

İLİŞKİLERDE UYUM TESTİ

İlişkinizde partnerinizle uyumunuzu analiz etmek için aşağıdaki 25 soruyu objektif bir şekilde cevaplamanızı öneriyorum.

Her sorunun altında, vereceğiniz cevapları nasıl puanlamanız gerektiğini açıkladım.

Toplamda 75 puan ve üstü, "son derece uyumlu bir ilişki"yi gösterir.

50 ila 75 puan arası, "vasat ilişkiyi" gösterir. Bu tip ilişkileri tanımlamak adına "Olsa da olur olmasa da olur" tabiri yerinde olacaktır. Puanlamanız bu seviyede olmasına rağmen sevgiliniz hakkında, "Olmazsa yapamam," diyorsanız test sorularına verdiğiniz cevapları lütfen tekrar gözden geçirin.

Vasat ilişkiye devam edenlerin sebepleri şöyledir:

-Yalnız kalmak istemiyorum.

-Sanki dışarıda daha iyisi mi var? Elimdekiyle yetinirim...

-En azından bunu tanıyorum, yeni bir insanı tanıyacak vaktim ve sabrım yok.

Eğer test sorularına verdiğiniz cevaplara aldığınız puan 50'nin altındaysa bu durumda şapkayı elinize alıp iyice düşünmeniz gerekiyor. Bu ilişkiye devam etmenizin gizli sebebi aşağıdakilerden biri olabilir mi?

-Evet, beni çok üzüyor ama özünde altın gibi bir kalbi var, hatta onun kalbinde gizli bir altın madeni var!

-Biz olamayız, bunu biliyorum ancak yine de onsuz kalamıyorum, onu kaybetmekten çok korkuyorum ama ben saplantılı değilim...

-Onu mutlaka değiştireceğim ve hatalarını görüp düzeltmesini sağlayacağım. Onu bir sanat eseri haline getirip insanlığa armağan edeceğim, bu benim ilk sanatsal çalışmam olacak.

-Evet, kabul ediyorum, bu adamın ciddi sorunları var ancak babamın da ciddi sorunları vardı ve bu adam babama çok benziyor. Bu adamı düzeltirsem çocukluğumdaki kötü anılarımı da silip atmış olurum.

-Bana sürekli baskı yapıyor ve hayatıma müdahale ediyor, psikolojik ve fiziksel şiddet kullanıyor ancak bütün bunlar bu adamın beni deliler gibi sevdiğini gösterir. Seven adam, kadınına sahip çıkar; beni sevmeseydi böyle şeyler yapmazdı.

-Evet, kabul ediyorum; bu adamla aile yapılarımız ve hayata bakış açımız çok farklı ancak ben onu zaman içinde kendime benzetirim. Ailesinin baskısını da evlilikte hissetmeyiz çünkü annesi yerine beni dinleyecektir, bundan eminim!

Soru 1

İlişkinizin başladığı günden bu yana kaç defa saygı sınırlarını aşan tartışma yaşanmıştır?

Hiç olmadı: 4 puan.

Bu durumu sürekli yaşıyoruz: 0 puan.

3'ten fazla: 0 puan.

Soru 2

Tartışmalarda sorunu çözmeye mi yoksa suçlamalarıyla sizi kırmaya mı çalışıyor?

Sizi kırmaya çalışan bir adam 0 puan alır.

Soru 3

Size söylediği en güzel duygu beyanı nedir? Örneğin: Seni Seviyorum...

Duygularını hiç söylemeyen adam 0 puan alır.

Bunun dışında, duygusunu kendince beyan eden her adam 4 puan alır.

Soru 4

Sizi ailesinden biriyle tanıştırdı mı?

Henüz altı aylık sürecini doldurmamış ilişkilerde bu durum pek önemli değildir ancak altı ayı geçmiş ilişkilerde mutlaka tanıştırmış olması gerekir, aksi halde 0 puan alır.

Soru 5

Arkadaşlarıyla tanıştırdı mı?

Dördüncü sorudaki kural aynen geçerlidir.

Soru 6

Birlikte seyahat ettiniz mi?

Sizi bir hafta sonu tatiline veya yakın yerlere götürüp birlikte yol arkadaşlığı yapmış olması bu adamın hanesine 4 puan kazandırır. Aynı zamanda onu daha yakından tanımış olursunuz.

Soru 7

Birkaç gün için bile olsa ev ortamında birlikte vakit geçirdiniz mi?

Eğer ilişkiniz altı aylık süreyi geçmiş ve siz hâlâ bu insanla aynı ortamda yaşamak konusunda hiçbir şey bilmiyorsanız: 0 puan.

Birçok evli çift, evlilik öncesinde eşinin ev ortamında ne kadar düzensiz, dağınık ve kavgacı olduğunu bilmediği için evlilikte anlaşamaz ve boşanırlar.

Soru 8

Evlilik konusunu şakayla karışık veya ciddi olarak hiç gündeme getirdi mi?

Yine aynı durum geçerlidir: Altı aylık süreyi geçmiş bir ilişkide evlilik konusu hiç geçmediyse, bir cümle arasında bile evlilik sözcüğü geçmiyorsa adama uyum konusunda 0 puan veriyoruz. Bu adamın evlilik korkuları olabilir.

Soru 9

Ayrılık konusunu tartışmalarda veya laf arasında gündeme getiriyor mu?

Her tartışmada ayrılalım diyorsa: 0 puan.

"Sakın ayrılıktan bahsetme" vb. şeyler söylüyorsa: 4 puan.

Soru 10

Size hediye alma alışkanlığı var mı?

Hiç hediye almadı veya kesinlikle hediye sevmiyor diyorsanız bu adamın sizinle uyumu için 0 puan. Dünya üzerinde bu konuya önem vermeyen bir kadın yoktur.

Soru 11

Tartışmalarda öfke nöbetleri var mı?

Öfke sorunu olan insanın ilişkide uyumu 0 puan.

Soru 12

Kıskançlık krizleri var mı?

Eğer varsa kesinlikle 0 puan. Sahiplenen adam iyidir ancak kıskançlık krizleri ilişkinizin geleceği adına çok tehlikeli bir sinyal verir.

Soru 13

Hayatınıza karışıyor mu?

Karışmasını istiyorsanız sorun yok; fakat aksi halde hayatınıza karışan adamın uyum konusunda 0 puan vermeye dikkat edin.

Soru 14

Sizi ezen veya aşağılayan davranışları oldu mu?

Elbette olduysa: 0 puan.

Soru 15

İş hayatınızla ilgili yorumları ve katkıları oldu mu?

Size destek olan bir adam için her zaman 4 puan.

Soru 16

Size maddi manevi yardımları oluyor mu? Siz talep etmeden kendisi size yardımcı olmayı teklif ediyor mu?

İlişkide maddi manevi destek veren insan candır, kan yapar ve 4 puanı alır.

Soru 17

Sizden hiç maddi talepleri oldu mu?

Para isteyen erkeklere "timsah" diyoruz ve bu sınıfı bir sonraki kitabımda sizlere detaylı olarak açıklayacağım. İşin içinde maddi talepler varsa 0 puan.

Elbette evliliklerde her şey ortaktır ve bu durum geçerli değildir.

Soru 18

Bu ilişkide kullanıldığınızı hiç hissettiniz mi?

Bir çeşit menfaat ilişkisi hissettiyseniz 0 puan hanenize yazılır.

Soru 19

Onun karakterinde sizi rahatsız eden kaç tane özellik var?

Yanıtınız 3 rakamından sonsuzluğa kadar gidiyorsa: 0 puan.

Bir veya iki kötü özelliği varsa: 4 puan.

Ancak bu özelliklerin arasında "başka kızlara yürümek" ve benzeri sırtlan davranışları olmasın lütfen!

Soru 20

Eski sevgililerinden bahsediyor mu?

Eski sevgili muhabbeti açan erkek havada, karada ve denizde 0 puanı alır.

Soru 21

Sizin eski sevgilinize kafayı taktığını hissediyor musunuz?

Eski sevgiliye kafayı takan insanlar biraz takıntılıdır ve bu durum ilişkideki uyuma direk olarak zarar verir. Sürekli sorular soruyorsa 0 puan.

Soru 22

Başka insanlara yönelik agresif ve kavgacı davranışlarını gördünüz mü?

Kavgacı ve geçimsiz insanların ilişkilerdeki uyumu 0 puan.

Soru 23

Küsme huyu var mı?

Küsen insan dünya üzerindeki en büyük kabustur çünkü size hayatı zindan eder, geceler boyunca arabesk şarkılar dinler, ruhunuzun derinliklerine iner ve fakat yine de yeryüzüne dönüş yapamazsınız. Altı yaşında bir çocuk gibi küserek sizi onsuz olmakla cezalandırır. Küsen adam 0 puanı hak eder.

Soru 24

İlişkinizin başladığı günden bu yana hiç aldatıldığınızdan şüphelendiniz mi?

Bir defa şüphelendim ancak altından bir şey çıkmadı diyenler, bu herkesin başına gelebilir. Ancak, "İlişkinin başından beri şüpheleniyorum," diyorsanız sadakat konusunda bu adamın size uyumu 0 puan.

Soru 25

Yatakta size garip gelen talepleri veya fantezileri var mı?

Onun farklı fantezileri var ancak benim de hoşuma gidiyor diyorsanız sorun yok ve ten uyumu konusunda 4 puanı alırsınız. Ancak eğer size son derece garip gelen durumlar dikkatinizi çekiyorsa ve yatakta kendinizi rahat bırakmak konusunda sorunlar yaşıyorsanız aranızdaki ten uyumu 0 puan.

Testimiz sona erdi;
umarım halen bir ilişkiniz vardır!
Geçmiş olsun...

Instagram: adilyildirimyazar
Twitter: authoradilyldrm
Youtube: Yazar Adil Yıldırım
www.adilyildirim.com
yazaradilyildirim@gmail.com

Adil Yıldırım

6 Ocak 1982 İstanbul doğumlu olan Adil Yıldırım, Marmara Üniversitesi Siyaset Bilimi ve Fransızca Kamu Yönetimi Bölümü'nden mezun olduktan sonra 10 yıl İtalya'da yaşadı.

Bu süre zarfında, Milano Teknik Üniversitesi Politecnico di Milano'da Uluslararası Marketing dalında yüksek lisansını tamamladıktan sonra felsefe ve insan ilişkilerine olan merakı nedeniyle bu alanlarda kendini geliştirmeye karar verdi ve çeşitli seminerlere katıldı.

ICF – Uluslararası Koçluk Federasyonu bünyesinde İlişki Koçu olarak eğitimlerini İtalya'da tamamlayan Adil Yıldırım, bir yandan da ortaokul yıllarından beri devam eden edebiyat merakını sürdürdü ve yazdığı kısa hikayeler İtalya'da Corriere della Sera Gazetesinin hafta sonu eklerinde yayınlandı.

Her zaman bir romancı olduğunun altını çizen Adil Yıldırım Türkiye'ye döndükten sonra "Gecede Saklı Yalnız Aşklar" adlı ilk romanını yazdı ve bu roman 2017 senesinde yayınlandı. Bu romanın ardından hayatımızdaki tinsel dinamikleri kaleme aldığı "Zamanın Sessiz Ruhu, Tesadüfe Yer Yoktur" isimli romanı 2019 senesi Nisan ayında okurları ile buluştu. Yine 2019 senesi Temmuz ayında ise Gecede Saklı Yalnız Aşklar'ın devamı niteliğinde olan Med Cezir adlı romanı yayınlandı.

"Yazmak en büyük terapidir" diyerek yazmayı çok sevdiğini belirten Adil Yıldırım "İnsan yaşarken yalan söyleyebilir ancak yazarken asla yalan söyleyemez; çünkü yazan insan kendi ruhuyla yüzleşmek zorundadır" söylemiyle roman yazma serüvenini tanımlıyor.